Suhrkamp BasisBibliothek 24

Diese Ausgabe der »Suhrkamp BasisBibliothek – Arbeitstexte für Schule und Studium« bietet nicht nur Max Frischs weltberühmtes Stück *Biedermann und die Brandstifter* sowie im Anhang die Keimzelle dieser Tragikomödie, »Burleske«, sondern auch einen Kommentar, der alle für das Verständnis des Buches erforderlichen Informationen enthält: eine Zeittafel zu Leben und Werk des Autors, ausführliche Hinweise zu den historischpolitischen und ästhetischen Voraussetzungen des Stücks, die Entstehungs- und Textgeschichte, Deutungsansätze, Literaturhinweise sowie Wort- und Sacherläuterungen. Die Schreibweise des Kommentars entspricht den neuen Rechtschreibregeln.

Heribert Kuhn, geboren 1953, ist freier Publizist. Veröffentlichungen u. a. zu Theodor Storm (SBB 9), Franz Kafka (SBB 13, SBB 18) und Hermann Hesse (SBB 2, SBB 12, SBB 16, SBB 34).

Max Frisch
Biedermann und die Brandstifter

Ein Lehrstück ohne Lehre

Mit einem Kommentar von Heribert Kuhn

Suhrkamp

Das vorliegende Bühnenstück folgt der Ausgabe: Max Frisch, Gesammelte Werke in zeitlicher Folge. Jubiläumsausgabe in sieben Bänden 1931–1985. Band IV 1957–1963. Herausgegeben von Hans Mayer unter Mitwirkung von Walter Schmitz. Frankfurt am Main: Suhrkamp Verlag 1976, S. 325–389.
Der Anhang folgt der Ausgabe: Max Frisch, Gesammelte Werke in zeitlicher Folge. Jubiläumsausgabe in sieben Bänden 1931–1985. Band II 1944–1949. Herausgegeben von Hans Mayer unter Mitwirkung von Walter Schmitz. Frankfurt am Main: Suhrkamp Verlag 1976, S. 556–561

14. Auflage 2025

Erste Auflage 2002
Originalausgabe
Suhrkamp BasisBibliothek 24

Satz: pagina GmbH, Tübingen
Umschlagabbildung: Max-Frisch-Archiv, Zürich
Umschlaggestaltung: Regina Göllner und Hermann Michels
Druck: CPI books GmbH, Leck
Printed in Germany
ISBN 978-3-518-18824-8

Suhrkamp Verlag GmbH
Torstraße 44, 10119 Berlin
info@suhrkamp.de
www.suhrkamp.de

Inhalt

Biedermann und die Brandstifter

Ein Lehrstück ohne Lehre

(1957)

Personen

⌜Herr Biedermann⌝
Babette, *seine Frau*
Anna, *ein Dienstmädchen*
⌜Schmitz, *ein Ringer*
Eisenring, *ein Kellner*⌝
Ein Polizist
Ein Dr. phil.
Witwe Knechtling
Der Chor, *bestehend aus den Mannen* der Feuerwehr*

Pluralform zu schweiz. Mann

Szene

Eine Stube, ein Dachboden

Die Bühne ist finster, dann leuchtet ein Streichholz auf: man sieht das Gesicht von Herrn Biedermann, der sich eine Zigarre anzündet und jetzt, da es heller wird, sich seinerseits umsieht. Ringsum stehen Feuerwehrmänner in Helmen.

BIEDERMANN Nicht einmal eine Zigarette kann man heutzutage anzünden, ohne an Feuersbrunst zu denken! . . . das ist ja widerlich –

Biedermann verbirgt die rauchende Zigarre und verzieht sich, worauf die Feuerwehr vortritt in der Art des antiken Chors.

Eine Turmuhr schlägt: ein Viertel.

CHOR

Bürger der Vaterstadt, seht
Wächter der Vaterstadt uns,
Spähend,
Horchend,
Freundlichgesinnte dem freundlichen Bürger –

CHORFÜHRER

Der uns ja schließlich bezahlt.

CHOR

Trefflichgerüstete
Wandeln wir um euer Haus,
Wachsam und arglos zugleich.

CHORFÜHRER

Manchmal auch setzen wir uns,
Ohne zu schlafen jedoch, unermüdlich

CHOR

Spähend,
Horchend,
Daß sich enthülle Verhülltes,
Eh' es zum Löschen zu spät ist,

Feuergefährliches.
Eine Turmuhr schlägt halb.

CHORFÜHRER

Feuergefährlich ist viel,
Aber nicht alles, was feuert, ist Schicksal,
Unabwendbares.

CHOR

Anderes nämlich, Schicksal genannt,
Daß du nicht fragest, wie's kommt,
Städtevernichtendes auch, Ungeheueres,
Ist Unfug,

CHORFÜHRER

Menschlicher,

CHOR

Allzumenschlicher,

CHORFÜHRER

Tilgend das sterbliche Bürgergeschlecht.
Eine Turmuhr schlägt: drei Viertel.

CHOR

Viel kann vermeiden Vernunft.

CHORFÜHRER

Wahrlich:

CHOR

Nimmer verdient es der Gott,
Nimmer der Mensch,
Denn der, achtet er Menschliches so,
Nimmer verdient er den Namen
Und nimmer die göttliche Erde,
Die unerschöpfliche,
Fruchtbar und gnädig dem Menschen,
Und nimmer die Luft, die er atmet,
Und nimmer die Sonne –
Nimmer verdient,
Schicksal zu heißen, bloß weil er geschehen:
Der Blödsinn,

Der nimmerzulöschende einst!
Die Turmuhr schlägt: vier Viertel.

CHORFÜHRER

Unsere Wache hat begonnen.
Der Chor setzt sich, während der Stundenschlag tönt: neun Uhr.

Szene 1

Stube

Gottlieb Biedermann sitzt in seiner Stube und liest die Zeitung, eine Zigarre rauchend, und Anna, das Dienstmädchen mit weißem Schürzchen, bringt eine Flasche Wein.

ANNA Herr Biedermann?
Keine Antwort
Herr Biedermann –
Er legt die Zeitung zusammen.

BIEDERMANN Aufhängen sollte man sie. Hab ich's nicht immer gesagt? Schon wieder eine Brandstiftung. Und wieder dieselbe Geschichte, sage und schreibe: wieder so ein Hausierer*, der sich im Dachboden einnistet, ein harmloser Hausierer . . .
Er nimmt die Flasche.
Aufhängen sollte man sie!
Er nimmt den Korkenzieher.

Jemand, der seine Waren von Haus zu Haus anbietet

ANNA Herr Biedermann –

BIEDERMANN Was denn?

ANNA Er ist noch immer da.

BIEDERMANN Wer?

ANNA Der Hausierer, der Sie sprechen möchte.

BIEDERMANN Ich bin nicht zu Hause!

ANNA Das hab ich ihm gesagt, Herr Biedermann, schon vor einer Stunde. Er sagt, er kenne Sie. Herr Biedermann, ich kann diesen Menschen nicht vor die Tür werfen. Ich kann's nicht!

BIEDERMANN Wieso nicht?

ANNA Nämlich er ist sehr kräftig ...

Biedermann zieht den Korken.

BIEDERMANN Er soll morgen ins Geschäft kommen.

ANNA Ich hab's ihm gesagt, Herr Biedermann, schon dreimal, aber das interessiert ihn nicht.

BIEDERMANN Wieso nicht?

ANNA Er will kein Haarwasser.

BIEDERMANN Sondern?

ANNA Menschlichkeit ...

Biedermann riecht am Korken.

BIEDERMANN Sagen Sie ihm, ich werde ihn eigenhändig vor die Tür werfen, wenn er nicht sofort verschwindet.

Er füllt sorgsam sein Burgunderglas.

Menschlichkeit! ...

Er kostet den Wein.

Er soll im Flur draußen warten. Ich, komme sofort. Wenn er irgend etwas verkauft, ein Traktat* oder Rasierklingen, ich bin kein Unmensch, aber – ich bin kein Unmensch, Anna, das wissen Sie ganz genau! – aber es kommt mir keiner ins Haus. Das habe ich Ihnen schon hundertmal gesagt! Und wenn wir drei freie Betten haben, es kommt nicht in Frage, sag ich, nicht in Frage. Man weiß, wohin das führen kann – heutzutage ...

Abhandlung über ein bestimmtes Thema; abschätzig gebraucht für: moralisch-religiöse Erbauungsschrift

Anna will gehen und sieht, daß der Fremde eben eingetreten ist: ein Athlet, sein Kostüm erinnert halb an Strafanstalt und halb an Zirkus, Tätowierung am Arm, Lederbinde um die Handgelenke. Anna schleicht hinaus. Der Fremde wartet, bis Biedermann seinen Wein gekostet hat und sich umdreht.

SCHMITZ Guten Abend.

Biedermann verliert die Zigarre vor Verblüffung.

Ihre Zigarre, Herr Biedermann –

Er hebt die Zigarre auf und gibt sie Biedermann.

BIEDERMANN Sagen Sie mal –

SCHMITZ Guten Abend!

BIEDERMANN Was soll das heißen? Ich habe dem Mädchen ausdrücklich gesagt, Sie sollen im Flur draußen warten. Wieso – ich muß schon sagen ... ohne zu klopfen ...

SCHMITZ Mein Name ist Schmitz.

BIEDERMANN Ohne zu klopfen.

SCHMITZ Schmitz Josef.

Schweigen

Guten Abend!

BIEDERMANN Und was wünschen Sie?

SCHMITZ Herr Biedermann brauchen keine Angst haben: Ich bin kein Hausierer!

BIEDERMANN Sondern?

SCHMITZ Ringer von Beruf.

BIEDERMANN Ringer?

SCHMITZ Schwergewicht.

BIEDERMANN Ich sehe.

SCHMITZ Das heißt: gewesen.

BIEDERMANN Und jetzt?

SCHMITZ Arbeitslos.

Pause

Herr Biedermann brauchen keine Angst haben, ich suche keine Arbeit. Im Gegenteil. Die Ringerei ist mir verleidet ... Bin nur gekommen, weil's draußen so regnet.

Pause

Hier ist's wärmer.

Pause

Hoffentlich stör ich nicht. –

Pause

BIEDERMANN Rauchen Sie?

Er bietet Zigarren an.

SCHMITZ Das ist schrecklich, Herr Biedermann, wenn einer so gewachsen ist wie ich. Alle Leute haben Angst vor mir ... Danke!

Biedermann gibt ihm Feuer.

Danke.

Sie stehen und rauchen.

BIEDERMANN Kurz und gut, was wünschen Sie?

SCHMITZ Mein Name ist Schmitz.

BIEDERMANN Das sagten Sie schon, ja, sehr erfreut –

SCHMITZ Ich bin obdachlos.

Er hält die Zigarre unter die Nase und kostet den Duft.

Ich bin obdachlos.

BIEDERMANN Wollen Sie – ein Stück Brot?

SCHMITZ Wenn Sie nichts andres haben . . .

BIEDERMANN Oder ein Glas Wein?

SCHMITZ ⌜Brot und Wein⌝ . . . Aber nur wenn ich nicht störe, Herr Biedermann, nur wenn ich nicht störe!

Biedermann geht zur Tür.

BIEDERMANN Anna!

Biedermann kommt zurück.

SCHMITZ Das Mädchen hat mir gesagt, Herr Biedermann will mich persönlich hinauswerfen, aber ich habe gedacht, Herr Biedermann, daß das nicht Ihr Ernst ist . . .

Anna ist eingetreten.

BIEDERMANN Anna, bringen Sie ein zweites Glas.

ANNA Sehr wohl.

BIEDERMANN Und etwas Brot – ja.

SCHMITZ Und wenn's dem Fräulein nichts ausmacht: etwas Butter. Etwas Käse oder kaltes Fleisch oder so. Nur keine Umstände. Ein paar Gurken, eine Tomate oder so, etwas Senf – was Sie grad haben, Fräulein.

ANNA Sehr wohl.

SCHMITZ Nur keine Umstände!

Anna geht hinaus.

BIEDERMANN Sie kennen mich, haben Sie dem Mädchen gesagt.

SCHMITZ Freilich, Herr Biedermann, freilich.

BIEDERMANN Woher?

SCHMITZ Nur von Ihrer besten Seite, Herr Biedermann, nur von Ihrer besten Seite. Gestern abend am Stammtisch, ich weiß, Herr Biedermann haben mich gar nicht bemerkt in der Ecke, die ganze Wirtschaft hat sich gefreut, Herr Biedermann, jedes Mal, wenn Sie mit der Faust auf den Tisch geschlagen haben.

BIEDERMANN Was habe ich denn gesagt?

SCHMITZ Das Einzigrichtige.

Er raucht seine Zigarre, dann:

Aufhängen sollte man sie. Alle. Je rascher, um so besser. Aufhängen. Diese Brandstifter nämlich . . .

Biedermann bietet einen Sessel an.

BIEDERMANN Bitte. –

Schmitz setzt sich.

SCHMITZ Männer wie Sie, Herr Biedermann, das ist's, was wir brauchen!

BIEDERMANN Jaja, gewiß, aber –

SCHMITZ Kein Aber, Herr Biedermann, kein Aber! Sie sind noch ⌜vom alten Schrot und Korn⌝, Sie haben noch eine positive Einstellung. Das kommt davon.

BIEDERMANN Gewiß –

SCHMITZ Sie haben noch Zivilcourage.

BIEDERMANN Sicher –

SCHMITZ Das kommt eben davon.

BIEDERMANN Wovon?

SCHMITZ Sie haben noch ein Gewissen, das spürte die ganze Wirtschaft, ein regelrechtes Gewissen.

BIEDERMANN Jaja, natürlich –

SCHMITZ Herr Biedermann, das ist gar nicht natürlich. Heutzutage. Im Zirkus, wo ich gerungen hab, zum Beispiel – und drum, sehn Sie, ist er dann auch niedergebrannt, der ganze Zirkus! – unser Direktor zum Beispiel, der hat gesagt: Sie können mir, Sepp! – ich heiße doch Josef . . . Sie können mir! hat er gesagt: Wozu soll ich ein Gewissen haben? Wörtlich. Was ich brauch, um mit meinen Bestien fertigzuwerden, das ist 'ne Peitsche. Wörtlich! So einer war das. Gewissen! hat er gelacht: Wenn einer ein Gewissen hat, so ist es meistens ein schlechtes ...

Er raucht genußvoll.

Gott hab ihn selig.

BIEDERMANN Das heißt, er ist tot?

SCHMITZ Verbrannt mit seinem ganzen Plunder ...

Eine Standuhr schlägt neun.

BIEDERMANN Versteh nicht, was das Mädchen so lang macht!

SCHMITZ Ich hab Zeit. –

Es gibt sich, daß sie einander plötzlich in die Augen blicken.

Sie haben auch kein freies Bett im Haus, Herr Biedermann, das Mädchen sagte es schon –

BIEDERMANN Warum lachen Sie?

SCHMITZ Leider kein freies Bett! das sagen nämlich alle, kaum daß ein Obdachloser – und dabei will ich gar kein Bett.

BIEDERMANN Nein?

SCHMITZ Ich bin's gewohnt, Herr Biedermann, auf dem Boden zu schlafen. Mein Vater war Köhler. Ich bin's gewohnt ...

Er raucht vor sich hin.

Kein Aber, Herr Biedermann, kein Aber! sag ich: Sie sind keiner von denen, der in der Wirtschaft ein großes Maul verreißt, weil er Schiß hat. Ihnen glaub ich's. Leider kein freies Bett! – das sagen alle – aber Ihnen, Herr Biedermann, glaub ich aufs Wort ... Wo führt das noch hin, wenn keiner mehr dem andern glaubt? Ich sag immer: Wo führt das noch hin, Kinder! Jeder hält den andern für einen Brandstifter, nichts als Mißtrauen in der Welt. Oder hab ich nicht recht? Das spürte die ganze Wirtschaft, Herr Biedermann: Sie glauben noch an das

Gute in den Menschen und in sich selbst. Oder hab ich nicht recht? Sie sind der erste Mensch in dieser Stadt, der unsereinen nicht einfach wie einen Brandstifter behandelt –

BIEDERMANN Hier ist ein Aschenbecher.

SCHMITZ Oder hab ich nicht recht?

Er schlägt sorgsam die Asche seiner Zigarre ab.

Die meisten Leute heutzutage glauben nicht an Gott, sondern an die Feuerwehr.

BIEDERMANN Was wollen Sie damit sagen?

SCHMITZ Die Wahrheit.

Anna bringt ein Tablettchen.

ANNA Kaltes Fleisch haben wir keins.

SCHMITZ Das genügt, Fräulein, das genügt – nur den Senf haben Sie noch vergessen

ANNA Entschuldigung!

Anna geht hinaus.

BIEDERMANN Essen Sie! –

Biedermann füllt die Gläser.

SCHMITZ Nicht überall, Herr Biedermann, wird man so empfangen. Das kann ich Ihnen sagen! Ich habe schon Dinge erlebt – Kaum tritt unsereiner über die Schwelle, Mann ohne Krawatte, obdachlos, hungrig: Nehmen Sie Platz! heißt es, und hintenherum rufen sie die Polizei. Was finden Sie dazu? Ich frage nach einem Obdach, nichts weiter, ein braver Ringer, der sein Leben lang gerungen hat; da packt so ein Herr, der noch nie gerungen hat, unsereinen am Kragen – Wieso? frag ich und dreh mich bloß um, bloß um ihn anzublicken, schon hat er die Schulter gebrochen.

Er nimmt das Glas.

Prost!

Sie trinken, und Schmitz beginnt zu futtern.

BIEDERMANN Es ist halt so eine Sache, mein Herr, heutzutage. Keine Zeitung kann man mehr aufschlagen:

Schon wieder so eine Brandstifterei! Und wieder die alte Geschichte, sage und schreibe: Wieder ein Hausierer, der um Obdach bittet, und am andern Morgen steht das Haus in Flammen ... Ich meine nur – offengesprochen: Ich kann ein gewisses Mißtrauen schon verstehen.

Er greift zu seiner Zeitung.

Hier: bitte!

Er legt ihm die offene Zeitung neben den Teller.

SCHMITZ Ich hab's gesehen.

BIEDERMANN Ein ganzer Stadtteil.

Er erhebt sich, um es Schmitz zu zeigen.

Hier: lesen Sie das!

Schmitz futtert und liest und trinkt.

SCHMITZ Beaujolais* ?

Franz. Rotwein aus dem Süden der Bourgogne (Burgund)

BIEDERMANN Ja.

SCHMITZ Dürfte noch etwas wärmer sein ...

Er liest über den Teller hinweg:

»- scheint es, daß die Brandstiftung nach dem gleichen Muster geplant und durchgeführt worden ist wie schon das letzte Mal.«

Sie geben einander einen Blick.

BIEDERMANN Ist das nicht unglaublich?!

Schmitz legt die Zeitung weg.

SCHMITZ Drum les ich ja keine Zeitungen.

BIEDERMANN Wie meinen Sie das?

SCHMITZ Weil's immer wieder dasselbe ist.

BIEDERMANN Jaja, mein Herr, natürlich, aber – das ist doch keine Lösung, mein Herr, einfach keine Zeitung lesen; schließlich und endlich muß man doch wissen, was einem bevorsteht.

SCHMITZ Wozu?

BIEDERMANN Einfach so.

SCHMITZ Es kommt ja doch, Herr Biedermann, es kommt ja doch!

Er riecht an der Wurst.

Gottesgericht.

Er schneidet sich Wurst ab.

BIEDERMANN Meinen Sie?

Anna bringt den Senf.

SCHMITZ Danke, Fräulein, danke!

ANNA Sonst noch etwas?

SCHMITZ Heute nicht.

Anna bleibt bei der Türe.

Senf ist nämlich meine Leibspeise –

Er drückt Senf aus der Tube.

BIEDERMANN Wieso Gottesgericht?!

SCHMITZ Weiß ich's . . .

Er futtert und blickt nochmals in die Zeitung:

»- scheint es den Sachverständigen, daß die Brandstiftung nach dem gleichen Muster geplant und durchgeführt worden ist wie schon das letzte Mal.«

Er lacht kurz, dann füllt er sein Glas mit Wein.

ANNA Herr Biedermann?

BIEDERMANN Was denn?

ANNA Herr Knechtling möchte Sie sprechen.

BIEDERMANN Knechtling? Jetzt? Knechtling?

ANNA Er sagt –

BIEDERMANN Kommt nicht in Frage.

ANNA Er könne Sie gar nicht verstehen –

BIEDERMANN Wozu muß er mich verstehen?

ANNA Er habe eine kranke Frau und drei Kinder –

BIEDERMANN Kommt nicht in Frage! sag ich.

Er ist aufgestanden vor Ungeduld.

Herr Knechtling! Herr Knechtling! Herr Knechtling soll mich gefälligst in Ruh lassen, Herrgottnochmal, oder er soll einen Anwalt nehmen. Bitte! Ich habe Feierabend. Herr Knechtling! Ich verbitte mir dieses Getue wegen einer Kündigung. Lächerlich! Und dabei gibt's heutzutage Versicherungen wie noch nie in der Geschichte der Menschheit . . . Ja! Soll er einen Anwalt nehmen. Bitte!

Ich werde auch einen Anwalt nehmen. Beteiligung an seiner Erfindung! Soll er sich unter den Gasherd legen oder einen Anwalt nehmen – bitte! – wenn Herr Knechtling es sich leisten kann, einen Prozeß zu verlieren oder zu gewinnen. Bitte! Bitte!

Er beherrscht sich mit Blick auf Schmitz.

Sagen Sie Herrn Knechtling: Ich habe Besuch.

Anna geht hinaus.

Sie entschuldigen!

SCHMITZ Sie sind hier zu Haus, Herr Biedermann.

BIEDERMANN Schmeckt es denn?

Er setzt sich und schaut zu, wie der Gast genießt.

SCHMITZ Wer hätte gedacht, ja, wer hätte gedacht, daß es das noch gibt! Heutzutage.

BIEDERMANN Senf?

SCHMITZ Menschlichkeit.

Er schraubt die Tube wieder zu.

Ich meine nur so: Daß Sie mich nicht einfach am Kragen packen, Herr Biedermann, um unsereinen einfach auf die Straße zu werfen – hinaus in den Regen! – sehen Sie, das ist's, Herr Biedermann, was wir brauchen: Menschlichkeit.

Er nimmt die Flasche und gießt sich ein.

Vergelt's Gott.

Er trinkt und genießt es sichtlich.

BIEDERMANN Sie müssen jetzt nicht denken, Herr Schmitz, daß ich ein Unmensch sei –

SCHMITZ Herr Biedermann!

BIEDERMANN Frau Knechtling nämlich behauptet das!

SCHMITZ Wenn Sie ein Unmensch wären, Herr Biedermann, dann würden Sie mir heute nacht kein Obdach geben, das ist mal klar.

BIEDERMANN Nicht wahr?

SCHMITZ Und wenn's auch nur auf dem Dachboden ist.

Er stellt das Glas nieder.

Jetzt ist er richtig, unser Wein.
Es klingelt an der Haustür.
Polizei –?

BIEDERMANN Meine Frau –

SCHMITZ Hm.
Es klingelt nochmals.

BIEDERMANN Kommen Sie! ... Aber unter einer Bedingung, mein Herr: Kein Lärm! Meine Frau ist herzkrank –
Man hört Frauenstimmen draußen, und Biedermann winkt dem Schmitz, daß er sich beeile, und hilft, Tablettchen und Glas und Flasche werden mitgenommen, sie gehen auf Fußspitzen nach rechts, wo aber der Chor sitzt.
Sie entschuldigen!
Er steigt über die Bank.

SCHMITZ Sie entschuldigen!
Er steigt über die Bank, und sie verschwinden, während von links Frau Biedermann in die Stube tritt, begleitet von Anna, die ihr die Sachen abnimmt.

BABETTE Wo ist mein Mann? Sie wissen, Anna, wir sind keine Spießer: Sie können einen Schatz haben, aber ich will nicht, Anna, daß Sie ihn im Haus verstecken.

ANNA Frau Biedermann, ich hab aber keinen.

BABETTE Und wem gehört das rostige Fahrrad, das unten neben unsrer Haustüre steht? Ich bin ja zu Tod erschrocken –

Dachboden

Biedermann knipst das Licht an, man sieht den Dachboden, er winkt dem Schmitz, daß er eintreten soll, es wird nur geflüstert.

BIEDERMANN Hier ist der Schalter ... Wenn Sie kalt haben, irgendwo gibt's ein altes Schaffell, glaub ich – aber leise, Herrgottnochmal ... Ziehn Sie die Schuhe aus!

Schmitz stellt das Tablettchen ab und zieht einen Schuh aus.

Herr Schmitz –

SCHMITZ Herr Biedermann?

BIEDERMANN Sie versprechen es mir aber: Sie sind aber wirklich kein Brandstifter?

Schmitz muß lachen.

Scht!

Er nickt gut' Nacht, geht hinaus und macht die Tür zu, Schmitz zieht den anderen Schuh aus.

Stube

Babette hat etwas gehört und horcht, sie blickt entsetzt, dann plötzlich Erleichterung, sie wendet sich an den Zuschauer.

BABETTE Mein Mann, der Gottlieb, hat mir versprochen, jeden Abend persönlich auf den Dachboden zu gehen, um persönlich nachzuschauen, ob kein Brandstifter da ist. Ich bin ihm dankbar. Sonst könnte ich nämlich die halbe Nacht lang nicht schlafen . . .

Dachboden

Schmitz geht zum Schalter, jetzt in Socken, und löscht das Licht.

CHOR

Bürger der Vaterstadt, seht
Wachen uns, Wächter der Unschuld,
Arglos noch immer,
Freundlichgesinnte der schlafenden Stadt,
Sitzend,
Stehend –

CHORFÜHRER

Manchmal eine Pfeife stopfend zur Kurzweil.

CHOR

Spähend,
Horchend,
Daß nicht ein Feuer aus traulichen Dächern
Lichterloh
Tilge die Vaterstadt uns.

Eine Turmuhr schlägt drei.

CHORFÜHRER

Jedermann weiß, daß wir da sind, und weiß:
Anruf genügt.

Er stopft sich die Pfeife.

CHOR

Wer denn macht Licht in der Stube
Um diese Stunde?
Wehe, in nervenzerrüttetem Zustand
Schlaflos-unselig
Seh ich die Gattin.

Babette erscheint im Morgenrock.

BABETTE Da hustet einer! . . .

Man hört Schnarchen.

Gottlieb! Hörst du's denn nicht?

Man hört Husten.

Da ist doch einer! . . .

Man hört Schnarchen.

Männer! dann nehmen sie einfach ein Schlafpulver.

Eine Turmuhr schlägt vier.

CHORFÜHRER

's ist vier Uhr.

Babette löscht das Licht wieder.

CHORFÜHRER

Aber ein Anruf kam nicht.

Er steckt die Pfeife wieder ein, es wird hell im Hintergrund.

CHOR

Strahl der Sonne, Wimper, o göttlichen Auges,

Aufleuchtet noch einmal Tag
Über den traulichen Dächern der Stadt.
  Heil uns!
Nichts ist geschehen der nächtlichen Stadt,
Heute noch nichts . . .
  Heil uns!
Der Chor setzt sich.

Szene 2

Stube

Biedermann steht in Mantel und Hut, Ledermappe unterm Arm, trinkt seinen Morgenkaffee und spricht zur Stube hinaus.

BIEDERMANN – zum letzten Mal: Er ist kein Brandstifter!

STIMME Woher weißt du das?

BIEDERMANN Ich habe ihn ja selbst gefragt ... Und überhaupt: Kann man eigentlich nichts anderes mehr denken in dieser Welt? Das ist ja zum Verrücktwerden, ihr mit euren Brandstiftern die ganze Zeit –

Babette kommt mit einem Milchkrug.

Zum Verrücktwerden!

BABETTE Schrei mich nicht an.

BIEDERMANN Ich schrei nicht dich an, Babette, ich schreie ganz allgemein.

Sie gießt Milch in seine Tasse.

Ich muß ja gehn!

Er trinkt seinen Kaffee, der zu heiß ist.

Wenn man jedermann für einen Brandstifter hält, wo führt das hin? Man muß auch ein bißchen Vertrauen haben, Babette, ein bißchen Vertrauen –

Er blickt auf seine Armbanduhr.

BABETTE Du bist zu gutmütig. Das mach ich nicht mit, Gottlieb. Du läßt dein Herz sprechen, während ich die ganze Nacht nicht schlafen kann ... ich will ihm ein Frühstück geben, aber dann, Gottlieb, schick ich ihn auf den Weg.

BIEDERMANN Tu das.

BABETTE In aller Freundlichkeit, weißt du, ohne ihn zu kränken.

BIEDERMANN Tu das.

Er stellt die Tasse hin.

Ich muß zum Rechtsanwalt.

Er gibt Babette einen Gewohnheitskuß, in diesem Augenblick erscheint Schmitz, der ein Schaffell trägt; sie sehen ihn noch nicht.

BABETTE Warum hast du Knechtling entlassen?

BIEDERMANN Weil ich ihn nicht mehr brauche.

BABETTE Du warst immer so zufrieden mit ihm.

BIEDERMANN Das ist es ja, was er ausnutzen will. Beteiligung an seiner Erfindung! Und dabei weiß Knechtling ganz genau, was unser Haarwasser ist: eine kaufmännische Leistung, aber keine Erfindung. Lächerlich! Die guten Leute, die unser Haarwasser auf die Glatze streichen, könnten ebensogut ihren eigenen Harn –

BABETTE Gottlieb!

BIEDERMANN Es ist aber auch wahr!

Er vergewissert sich, ob er alles in der Mappe hat.

Ich bin zu gutmütig, du hast recht: diesem Knechtling werde ich die Kehle schon umdrehn.

Er will gehen und sieht Schmitz.

SCHMITZ Guten Morgen, die Herrschaften!

BIEDERMANN Herr Schmitz –

Schmitz streckt ihm die Hand hin.

SCHMITZ Sagen Sie doch einfach Sepp!

Biedermann gibt seine Hand nicht.

BIEDERMANN – meine Frau wird mit Ihnen sprechen, Herr Schmitz. Ich muß gehen. Leider. Ich wünsche Ihnen aber alles Gute . . .

Er schüttelt dem Schmitz die Hand.

Alles Gute, Sepp, alles Gute!

Biedermann geht weg.

SCHMITZ Alles Gute, Gottlieb, alles Gute!

Babette starrt ihn an.

Ihr Mann heißt doch Gottlieb? . . .

BABETTE Wie haben Sie geschlafen?

SCHMITZ Danke, kalt. Aber ich habe mir gestattet, Madame, das Schaffell zu nehmen – Erinnert mich an meine Jugend in den Köhlerhütten . . . Ja – Bin die Kälte gewohnt . . .

BABETTE Ihr Frühstück ist bereit.

SCHMITZ Madame!

Sie weist ihm den Sessel an.

Das kann ich nicht annehmen!

Sie füllt seine Tasse.

BABETTE Sie müssen tüchtig essen, Sepp. Sie haben sicherlich einen langen Weg vor sich.

SCHMITZ Wieso?

Sie weist ihm nochmals den Sessel an.

BABETTE Nehmen Sie ein weiches Ei?

SCHMITZ Zwei.

BABETTE Anna!

SCHMITZ Sie sehen, Madame, ich fühl mich schon wie zu Haus . . . Ich bin so frei –

Er setzt sich.

Anna ist eingetreten.

BABETTE Zwei weiche Eier.

ANNA Sehr wohl.

SCHMITZ Dreieinhalb Minuten.

ANNA Sehr wohl.

Anna will gehen.

SCHMITZ Fräulein!

Anna steht in der Tür.

Guten Tag!

ANNA Tag.

Anna geht hinaus.

SCHMITZ Wie das Fräulein mich ansieht! Verdammt nochmal! Wenn's auf die ankäme, ich glaub, ich stünde draußen im strömenden Regen.

Babette gießt Kaffee ein.

BABETTE Herr Schmitz –

SCHMITZ Ja?

BABETTE Wenn ich offen sprechen darf: –

SCHMITZ Sie zittern, Madame!?

BABETTE Herr Schmitz –

SCHMITZ Was bekümmert Sie?

BABETTE Hier ist Käse.

SCHMITZ Danke.

BABETTE Hier ist Marmelade.

SCHMITZ Danke.

BABETTE Hier ist Honig.

SCHMITZ Eins nach dem andern, Madame, eins nach dem andern!

Er lehnt zurück und ißt sein Butterbrot, zum Hören bereit.

Was ist's?

BABETTE Rundheraus, Herr Schmitz –

SCHMITZ Sagen Sie doch einfach Sepp.

BABETTE Rundheraus –

SCHMITZ Sie möchten mich los sein?

BABETTE Nein, Herr Schmitz, nein! So würd ich es nicht sagen –

SCHMITZ Wie würden Sie's denn sagen?

Er nimmt Käse.

Tilsiter ist nämlich meine Leibspeis.

Er lehnt wieder zurück und futtert, zum Hören bereit.

Madame halten mich also für einen Brandstifter –

BABETTE Mißverstehen Sie mich nicht! Was hab ich denn gesagt? Nichts liegt mir ferner, Herr Schmitz, als Sie zu kränken. Ehrenwort! Sie haben mich ganz verwirrt. Wer redet denn von Brandstiftern! Ich beklage mich ja in

keiner Weise, Herr Schmitz, über Ihr Benehmen –
Schmitz legt das Besteck nieder.

SCHMITZ Ich weiß: Ich hab kein Benehmen.

BABETTE Nein, Herr Schmitz, das ist es nicht –

SCHMITZ Ein Mensch, der schmatzt –

BABETTE Unsinn –

SCHMITZ Das haben sie mir schon im Waisenhaus immer gesagt: Schmitz, schmatze nicht!
Sie nimmt die Kanne, um Kaffee einzugießen.

BABETTE Sie mißverstehen mich, ach Gott, vollkommen.
Er hält die Hand auf seine Tasse.

SCHMITZ Ich geh.

BABETTE Herr Schmitz –

SCHMITZ Ich geh.

BABETTE Noch eine Tasse?
Er schüttelt den Kopf.
Eine halbe?
Er schüttelt den Kopf. So dürfen Sie nicht gehen, Herr, ich habe Sie nicht kränken wollen, Herr, ich habe doch kein Wort gesagt, daß Sie schmatzen!
Er erhebt sich.
Habe ich Sie gekränkt?
Er faltet die Serviette zusammen.

SCHMITZ Was können Madame dafür, daß ich kein Benehmen habe! Mein Vater war Köhler. Woher soll unsereiner ein Benehmen haben! Hungern und frieren, Madame, das macht mir nichts, aber – keine Bildung, Madame, kein Benehmen, Madame, keine Kultur . . .

BABETTE Ich versteh.

SCHMITZ Ich geh.

BABETTE Wohin?

SCHMITZ Hinaus in den Regen . . .

BABETTE Ach Gott.

SCHMITZ Bin ich gewohnt.

BABETTE Herr Schmitz ... Blicken Sie mich nicht so an! – Ihr Vater war Köhler, das sehe ich doch ein, Herr Schmitz, Sie haben sicherlich eine harte Jugend gehabt –

SCHMITZ Überhaupt keine, Madame.

Er senkt den Blick und fingert an seinen Fingern herum.

Überhaupt keine. Ich zählte sieben Jahr, als meine Mutter starb ...

Er dreht sich und wischt sich die Augen.

BABETTE Sepp! – aber Sepp ...

Anna kommt und bringt die weichen Eier.

ANNA Sonst noch etwas?

Anna bekommt keine Antwort und geht hinaus.

BABETTE Ich schicke Sie gar nicht fort, mein Herr, das habe ich ja gar nicht gesagt. Was habe ich denn gesagt? Sie mißverstehen mich wirklich, Herr Schmitz, das ist ja furchtbar. Was kann ich denn tun, daß Sie mir glauben?

Sie faßt ihn (nicht ohne Zögern) am Ärmel.

Kommen Sie, Sepp, essen Sie!

Schmitz setzt sich wieder an den Tisch.

Wofür halten Sie uns! Ich habe nicht bemerkt, daß Sie schmatzen, Ehrenwort! Und wenn schon: Wir geben nichts auf Äußerlichkeiten, Herr Schmitz, das müssen Sie doch spüren, Herr Schmitz, wir sind nicht so ...

Er köpft sein Ei.

SCHMITZ Vergelt's Gott!

BABETTE Hier ist Salz.

Er löffelt das Ei.

SCHMITZ 's ist wahr, Madame haben mich ja gar nicht fortgeschickt, kein Wort davon, 's ist wahr. Bitte um Entschuldigung, daß ich Madame so mißverstanden habe ...

BABETTE Ist es denn richtig, das Ei?

SCHMITZ Etwas weich ... Bitte sehr um Entschuldigung.

Er hat es ausgelöffelt.

Was haben Sie denn sagen wollen, Madame, vorher als Sie sagten: Rundheraus!

BABETTE Ja, was hab ich eigentlich sagen wollen ...

Er köpft das zweite Ei.

SCHMITZ Vergelt's Gott.

Er löffelt das zweite Ei.

Der Willi, der sagt immer, das gibt's gar nicht mehr: die private Barmherzigkeit. Es gibt heutzutage keine feinen Leute mehr. Verstaatlichung! Es gibt keine Menschen mehr. Sagt er! – drum geht die Welt in den Eimer – drum! ...

Er salzt das Ei.

Der wird Augen machen! – wenn er ein solches Frühstück bekommt, der wird Augen machen! ... der Willi!

Es klingelt an der Haustür.

Vielleicht ist er das.

Es klingelt an der Haustür.

BABETTE Wer ist der Willi?

SCHMITZ Der hat Kultur, Madame, Sie werden sehen, der ist doch Kellner gewesen damals im Metropol, bevor's niedergebrannt ist, das Metropol –

BABETTE Niedergebrannt?

SCHMITZ Oberkellner.

Anna ist eingetreten.

BABETTE Wer ist's?

ANNA Ein Herr.

BABETTE Und was will er?

ANNA Von der Feuerversicherung, sagt er, nämlich er müsse sich das Haus ansehen.

Babette erhebt sich.

Er trägt einen Frack –

Babette und Anna gehen hinaus, Schmitz gießt sich Kaffee ein.

SCHMITZ Der Willi!

CHOR

Nun aber sind es schon zwei,
Die unsern Argwohn erwecken,
Fahrräder nämlich, verrostete, die
jemand gehören, doch wem?

CHORFÜHRER

Eines seit gestern, das andre seit heut.

CHOR

Wehe!

CHORFÜHRER

Wieder ist Nacht, und wir wachen.
Eine Turmuhr schlägt.

CHOR

Viel sieht, wo nichts ist, der Ängstliche,
Den nämlich schreckt schon der eigene Schatten,
Kampfmutig findet ihn jedes Gerücht,
So daß er strauchelt,
So, schreckhaft, lebt er dahin,
Bis es eintritt:
In seine Stube.
Die Turmuhr schlägt.

CHORFÜHRER

Daß sie das Haus nicht verlassen, die zwei,
Wie soll ich's deuten?
Die Turmuhr schlägt.

CHOR

Blinder als blind ist der Ängstliche,
Zitternd vor Hoffnung, es sei nicht das Böse,
Freundlich empfängt er's,
Wehrlos, ach, müde der Angst,
Hoffend das beste . . .
Bis es zu spät ist.
Die Turmuhr schlägt.

CHOR

Wehe!
Der Chor setzt sich.

Szene 3

Dachboden

Schmitz, immer im Kostüm des Ringers, und der Andere, der seinen Frack ausgezogen hat und nur die weiße Weste trägt, sind dabei, Fässer in den Estrich zu rollen, Fässer aus Blech, wie sie zum Transport von Benzin üblich sind, alles so leise als möglich; beide haben ihre Schuhe ausgezogen.*

* Estrich: Von mlat. ›astracum‹: Pflaster, Boden; schweiz. für Speicher, Dachboden

DER ANDERE Leise! Leise!

SCHMITZ Und wenn er auf die Idee kommt und die Polizei ruft?

DER ANDERE Vorwärts!

SCHMITZ Was dann?

DER ANDERE Langsam! Langsam ... Halt.
Sie haben das Faß zu den anderen gerollt, die schon im Dämmerdunkel stehen; der Andere nimmt Putzfäden, um sich die Finger zu wischen.*
Wieso soll er die Polizei rufen?

* Putzfäden: Aus Stoffresten bestehender Lumpen

SCHMITZ Wieso nicht?

DER ANDERE Weil er selber strafbar ist.
Man hört Gurren von Tauben.
's ist leider Tag, gehn wir schlafen!
Er wirft die Putzfäden weg.
Jeder Bürger ist strafbar, genaugenommen, von einem gewissen Einkommen an. Mach dir keine Sorge! ...
Es klopft an der verriegelten Tür.

BIEDERMANN Aufmachen! Aufmachen!
Es poltert und rüttelt.

DER ANDERE Das tönt aber nicht nach Frühstück.

BIEDERMANN Aufmachen! sag ich. Sofort!

SCHMITZ So war er noch nie.

Es poltert mehr und mehr. Der Andere zieht seinen Frack an. Ohne Hast, aber flink. Er zieht die Krawatte zurecht und wischt sich den Staub ab, dann öffnet er die Tür: – eintritt Biedermann im Morgenrock, wobei er den neuen Gesellen, da dieser hinter der aufgehenden Tür steht, nicht bemerkt.

BIEDERMANN Herr Schmitz!

SCHMITZ Guten Morgen, Herr Biedermann, guten Morgen, hoffentlich hat Sie das blöde Gepolter nicht geweckt –

BIEDERMANN Herr Schmitz!

SCHMITZ Soll nie wieder vorkommen.

BIEDERMANN Sie verlassen mein Haus. –

Pause

Ich sage: Sie verlassen mein Haus!

SCHMITZ Wann?

BIEDERMANN Sofort.

SCHMITZ Wieso?

BIEDERMANN Oder meine Frau (ich kann und ich werde es nicht hindern!) ruft die Polizei.

SCHMITZ Hm.

BIEDERMANN Und zwar sofort!

Pause

Worauf warten Sie?

Schmitz, stumm, nimmt seine Schuhe.

Ich will keine Diskussionen!

SCHMITZ Ich sag ja gar nichts.

BIEDERMANN Wenn Sie meinen, Herr Schmitz, ich lasse mir alles gefallen, bloß weil Sie ein Ringer sind – ein solches Gepolter die ganze Nacht –

Er zeigt mit gestrecktem Arm zur Tür.

Hinaus! Hinaus! sag ich. Hinaus!

Schmitz spricht zum Andern hinüber.

SCHMITZ So war er noch nie ...

Biedermann dreht sich um und ist sprachlos.

DER ANDERE Mein Name ist Eisenring.

BIEDERMANN Meine Herren –?

EISENRING Wilhelm Eisenring.

BIEDERMANN Wieso, meine Herren, wieso sind Sie plötzlich zwei?

Schmitz und Eisenring blicken einander an.

Ohne zu fragen!

EISENRING Siehst du.

BIEDERMANN Was soll das heißen?

EISENRING Ich hab's dir ja gesagt. Das macht man nicht, Sepp, du hast kein Benehmen. Ohne zu fragen! Was ist das für eine Art: – plötzlich sind wir zwei.

BIEDERMANN Ich bin außer mir.

EISENRING Siehst du!

Er wendet sich an Biedermann.

Ich hab es ihm gesagt!

Er wendet sich an Schmitz.

Hab ich es dir nicht gesagt?

Schmitz schämt sich.

BIEDERMANN Was stellen Sie sich eigentlich vor, meine Herren? Schließlich und endlich, meine Herren, bin ich der Hauseigentümer. Ich frage: Was stellen Sie sich eigentlich vor?

Pause

EISENRING Antworte, wenn der Herr dich fragt!

Pause

SCHMITZ Der Willi ist doch mein Freund ...

BIEDERMANN Was weiter?

SCHMITZ Wir sind doch zusammen in die Schule gegangen, Herr Biedermann, schon als Kinder ...

BIEDERMANN Und?

SCHMITZ Da hab ich gedacht ...

BIEDERMANN Was?

SCHMITZ Da hab ich gedacht …

Pause

EISENRING Nichts hast du gedacht!

Er wendet sich an Biedermann.

Ich versteh Sie vollkommen, Herr Biedermann. Alles was recht ist, aber schließlich und endlich –

Er schreit Schmitz an.

Meinst du eigentlich, ein Hauseigentümer braucht sich alles gefallen zu lassen?

Er wendet sich an Biedermann.

Der Sepp hat Sie überhaupt nicht gefragt?

BIEDERMANN Kein Wort!

EISENRING Sepp –

BIEDERMANN Kein Wort!

EISENRING – und dann wunderst du dich, wenn man dich auf die Straße wirft?

Er schüttelt den Kopf und lacht wie über einen Dummkopf.

BIEDERMANN Es ist nicht zum Lachen, meine Herren. Es ist mir bitterernst, meine Herren. Meine Frau ist herzkrank –

EISENRING Siehst du!

BIEDERMANN Meine Frau hat die halbe Nacht nicht geschlafen. Wegen dieser Polterei. Und überhaupt: – Was machen Sie da eigentlich?

Er sieht sich um.

Was, zum Teufel, sollen diese Fässer hier?

Schmitz und Eisenring sehen dahin, wo keine Fässer sind.

Hier! Bitte! Was ist das?

Er klopft auf ein Faß.

Was ist das?

SCHMITZ Fässer …

BIEDERMANN Wo kommen die her?

SCHMITZ Weißt du's, Willi? wo sie herkommen.

EISENRING Import, es steht drauf.

BIEDERMANN Meine Herren –

EISENRING Irgendwo steht's drauf!

Eisenring und Schmitz suchen die Anschrift.

BIEDERMANN Ich bin sprachlos. Was stellen Sie sich eigentlich vor? Mein ganzer Dachboden voll Fässer – gestapelt, geradezu gestapelt!

EISENRING Ja eben.

BIEDERMANN Was wollen Sie damit sagen?

EISENRING Der Sepp hat sich verrechnet ... Zwölf auf fünfzehn Meter! hast du gesagt, und dabei hat er keine hundert Quadratmeter, dieser ganze Dachboden ... Ich kann meine Fässer nicht auf der Straße lassen, Herr Biedermann, das werden Sie verstehen.

BIEDERMANN Nichts verstehe ich –

Aufklebzettel

*Schmitz zeigt eine Etikette**.*

SCHMITZ Hier, Herr Biedermann, hier ist die Etikette!

BIEDERMANN Ich bin sprachlos –

SCHMITZ Hier steht's, wo sie herkommen. Hier.

BIEDERMANN – einfach sprachlos.

Er betrachtet die Etikette.

Unten

Anna führt einen Polizisten in die Stube.

ANNA Ich werde ihn rufen.

Sie geht, und der Polizist wartet.

Oben

BIEDERMANN Benzin!? –

Unten

Anna kommt nochmals zurück.

ANNA Und worum handelt es sich, Herr Wachtmeister?

POLIZIST Geschäftlich.

Anna geht, und der Polizist wartet.

Oben

BIEDERMANN Ist das wahr, meine Herren, ist das wahr?

EISENRING Was?

BIEDERMANN Was auf dieser Etikette steht.

Er zeigt ihnen die Etikette.

Wofür halten Sie mich eigentlich? Das ist mir noch nicht vorgekommen. Glauben Sie eigentlich, ich kann nicht lesen?

Sie betrachten die Etikette.

Bitte! –

Er lacht, wie man über eine Unverschämtheit lacht.

Benzin!

Er spricht wie ein Untersuchungsrichter.

Was ist in diesen Fässern?

EISENRING Benzin.

BIEDERMANN Machen Sie keine Witze! Ich frage zum letzten Mal, was in diesen Fässern ist. Sie wissen so gut wie ich, daß Benzin nicht auf den Dachboden gehört –

Er fährt mit dem Finger über ein Faß.

Bitte – da: riechen Sie selbst!

Er hält ihnen den Finger unter die Nase.

Ist das Benzin oder ist das kein Benzin?

Sie schnuppern und blicken einander an.

Antworten Sie!

EISENRING Es ist.

SCHMITZ Es ist.

BEIDE Eindeutig.

BIEDERMANN Sind Sie eigentlich wahnsinnig? Mein ganzer Dachboden voll Benzin –

SCHMITZ Drum, Herr Biedermann, rauchen wir auch nicht.

BIEDERMANN Und das, meine Herren, in dieser Zeit, wo man in jeder Zeitung, die man aufschlägt, gewarnt wird. Was denken Sie sich eigentlich? Meine Frau bekommt einen Schlag, wenn Sie das sieht.

EISENRING Siehst du!

BIEDERMANN Sagen Sie nicht immer: Siehst du!

EISENRING Das kannst du einer Frau nicht zumuten, Sepp, einer Hausfrau, ich kenne die Hausfrauen –

Anna ruft im Treppenhaus.

ANNA Herr Biedermann! Herr Biedermann!

Biedermann macht die Türe zu.

BIEDERMANN Herr Schmitz! Herr –

EISENRING Eisenring.

BIEDERMANN Wenn Sie diese Fässer nicht augenblicklich aus dem Hause schaffen, aber augenblicklich! sag ich –

EISENRING Dann rufen Sie die Polizei.

BIEDERMANN Ja.

SCHMITZ Siehst du!

Anna ruft im Treppenhaus.

ANNA Herr Biedermann!

Biedermann flüstert.

BIEDERMANN Das war mein letztes Wort!

EISENRING Welches?

BIEDERMANN Ich dulde kein Benzin in meinem Dachstock. Ein für allemal! Ich dulde es nicht.

Es klopft an die Tür.

Ich komme!

Er öffnet die Tür, um zu gehen, und eintritt ein Polizist.

POLIZIST Da sind Sie ja, Herr Biedermann, da sind Sie ja. Sie brauchen nicht herunterzukommen, ich will nicht lange stören.

BIEDERMANN Guten Morgen!

POLIZIST Guten Morgen!

EISENRING Morgen . . .

SCHMITZ Morgen . . .

Schmitz und Eisenring verneigen sich.

POLIZIST Es handelt sich um einen Unfall –

BIEDERMANN Um Gottes willen!

POLIZIST Ein alter Mann, dessen Frau behauptet, er habe bei Ihnen gearbeitet – als Erfinder! – hat sich heute nacht unter den Gashahn gelegt.

Er sieht in seinem Notizbüchlein nach.

Knechtling, Johann, wohnhaft Roßgasse 11.

Er steckt das Büchlein ein.

Haben Sie einen solchen gekannt?

BIEDERMANN Ich –

POLIZIST Vielleicht ist's Ihnen lieber, Herr Biedermann, wenn wir unter vier Augen –

BIEDERMANN Ja.

POLIZIST Geht ja die Angestellten nichts an!

BIEDERMANN Nein –

Er bleibt in der Tür stehen.

Wenn mich jemand sucht, meine Herren, ich bin bei der Polizei. Verstanden? Ich komme sofort.

Schmitz und Eisenring nicken.

POLIZIST Herr Biedermann –

BIEDERMANN Gehen wir!

POLIZIST Was haben Sie denn in diesen Fässern da?

BIEDERMANN – ich?

POLIZIST Wenn man fragen darf.

BIEDERMANN ... Haarwasser ...

Er blickt zu Schmitz und Eisenring.

EISENRING Hormoflor*.

SCHMITZ »Die Männerwelt atmet auf.«

EISENRING Hormoflor.

SCHMITZ »Versuchen Sie es noch heute.«

EISENRING »Sie werden es nicht bereuen.«

BEIDE Hormoflor, Hormoflor, Hormoflor.

Der Polizist lacht.

BIEDERMANN Ist er tot?

Biedermann und der Polizist gehen.

Aus »Hormon« und lat. ›florere‹: wachsen

EISENRING Eine Seele von Mensch.
SCHMITZ Hab ich's nicht gesagt?
EISENRING Aber von Frühstück kein Wort.
SCHMITZ So war er noch nie ...

Eisenring greift in seine Hosentasche.

EISENRING Hast du die Zündkapsel?

Schmitz greift in seine Hosentasche.

SCHMITZ So war er noch nie ...

CHOR

Strahl der Sonne,
Wimper, o göttlichen Auges,
Aufleuchtet noch einmal
Tag
Über den traulichen Dächern der Stadt.

CHORFÜHRER

Heute wie gestern.

CHOR

Heil uns!

CHORFÜHRER

Nichts ist geschehen der schlafenden Stadt.

CHOR

Heil uns!

CHORFÜHRER

Immer noch nichts . . .

CHOR

Heil uns!

Man hört Verkehrslärm, Hupen, Straßenbahn.

CHORFÜHRER

Klug ist und Herr über manche Gefahr,
Wenn er bedenkt, was er sieht,
Der Mensch.
Aufmerkenden Geistes vernimmt er
Zeichen des Unheils
Zeitig genug, wenn er will.

CHOR

Was aber, wenn er nicht will?

CHORFÜHRER

Der, um zu wissen, was droht,
Zeitungen liest
Täglich zum Frühstück entrüstet
Über ein fernes Ereignis,
Täglich beliefert mit Deutung,
Die ihm das eigene Sinnen erspart,

Täglich erfahrend, was gestern geschah,
Schwerlich durchschaut er, was eben geschieht
Unter dem eigenen Dach: –

CHOR
Unveröffentlichtes!

CHORFÜHRER
Offenkundiges.

CHOR
Hanebüchenes*!

Haarsträubendes, Unerhörtes

CHORFÜHRER
Tatsächliches.

CHOR
Ungern durchschaut er's, denn sonst –
Der Chorführer unterbricht mit einem Zeichen der Hand.

CHORFÜHRER
Hier kommt er.
Der Chor schwenkt die Front.

CHOR
Nichts ist geschehen der schlafenden Stadt,
Heute wie gestern,
Um zu vergessen, was droht,
Stürzt sich der Bürger
Sauber rasiert
In sein Geschäft . . .
Auftritt Biedermann in Mantel und Hut, Mappe im Arm.

BIEDERMANN Taxi! . . . Taxi? . . . Taxi!
Der Chor steht ihm im Weg.
Was ist los?

CHOR
Wehe!

BIEDERMANN Sie wünschen?

CHOR
Wehe!

BIEDERMANN Das sagten Sie schon.

CHOR

Dreimal Wehe!

BIEDERMANN Wieso?

CHORFÜHRER

Allzuverdächtiges, scheint uns,
Feuergefährliches hat sich enthüllt
Unseren Blicken wie deinen.
Wie soll ich's deuten?
Fässer voll Brennstoff im Dach –

Biedermann schreit.

BIEDERMANN Was geht das Sie an!

Schweigen

Lassen Sie mich durch. – Ich muß zu meinem Rechtsanwalt. – Was will man von mir? – Ich bin unschuldig ...

Biedermann erscheint verängstigt.

Soll das ein Verhör sein?

Biedermann zeigt herrenhafte Sicherheit.

Lassen Sie mich durch, ja.

Der Chor steht reglos.

CHOR

Nimmer geziemt es dem Chor,
Richter zu sein über Bürger, die handeln.

CHORFÜHRER

Der nämlich zusieht von außen, der Chor,
Leichter begreift er, was droht.

CHOR

Fragend nur, höflich
Noch in Gefahr, die uns schreckt,
Warnend nur, ach kalten Schweißes gefaßt
Naht sich bekanntlich der Chor,
Ohnmächtig-wachsam, mitbürgerlich,
Bis es zum Löschen zu spät ist,
Feuerwehrgleich.

Biedermann blickt auf seine Armbanduhr.

BIEDERMANN Ich bin eilig.

CHOR

Wehe!

BIEDERMANN Ich weiß wirklich nicht, was Sie wünschen.

CHORFÜHRER

Daß du sie duldest, die Fässer voll Brennstoff,
Biedermann Gottlieb, wie hast du's gedeutet?

BIEDERMANN Gedeutet?

CHORFÜHRER

Wissend auch du, wie brennbar die Welt ist,
Biedermann Gottlieb, was hast du gedacht?

BIEDERMANN Gedacht?

Er mustert den Chor.

Meine Herren, ich bin ein freier Bürger. Ich kann denken, was ich will. Was sollen diese Fragen? Ich habe das Recht, meine Herrn, überhaupt nichts zu denken – ganz abgesehen davon, meine Herrn: Was unter meinem Dach geschieht – ich muß schon sagen, schließlich und endlich bin ich der Hauseigentümer! . . .

CHOR

Heilig sei Heiliges uns,
Eigentum,
Was auch entstehe daraus,
Nimmerzulöschendes einst,
Das uns dann alle versengt und verkohlt:
Heilig sei Heiliges uns!

BIEDERMANN Also. –

Schweigen

Warum lassen Sie mich nicht durch?

Schweigen

Man soll nicht immer das Schlimmste denken. Wo führt das hin! Ich will meine Ruhe und meinen Frieden haben, nichts weiter, und was die beiden Herren betrifft – ganz abgesehen davon, daß ich zurzeit andere Sorgen habe . . .

Auftritt Babette in Mantel und Hut.
Was willst du hier?

BABETTE Stör ich?

BIEDERMANN Ich habe eine Besprechung mit dem Chor.

Babette nickt zum Chor, dann flüstert sie Biedermann ins Ohr.

BIEDERMANN Natürlich mit Schleife! Das spielt doch keine Rolle, was er kostet, Hauptsache, daß es ein Kranz ist.

Babette nickt zum Chor.

BABETTE Sie verzeihen, meine Herren. *Sie entfernt sich.*

BIEDERMANN ... kurz und gut, meine Herrn, ich habe es satt. Ihr mit euren Brandstiftern! Ich geh an keinen Stammtisch mehr, so satt hab ich's. Kann man eigentlich nichts andres mehr reden heutzutag? Schließlich lebe ich nur einmal. Wenn wir jeden Menschen, ausgenommen uns selbst, für einen Brandstifter halten, wie soll es jemals besser werden? Ein bißchen Vertrauen, Herrgottnochmal, muß man schon haben, ein bißchen guten Willen. Finde ich. Nicht immer nur das Böse sehen. Herrgottnochmal! Nicht jeder Mensch ist ein Brandstifter. Finde ich! Ein bißchen Vertrauen, ein bißchen ...

Pause

Ich kann nicht Angst haben die ganze Zeit!

Pause

Heute nacht, meinen Sie denn, ich habe ein einziges Auge geschlossen? Ich bin ja nicht blöd. Benzin ist Benzin! Ich habe mir die allerschwersten Gedanken gemacht – auf den Tisch bin ich gestiegen, um zu horchen, und später sogar auf den Schrank, um mein Ohr an die Zimmerdecke zu legen. Jawohl! Geschnarcht haben sie. Geschnarcht! Mindestens viermal bin ich auf den Schrank gestiegen. Ganz friedlich geschnarcht! ... Und trotzdem: – Einmal stand ich schon draußen im Treppenhaus, ob Sie's glauben oder nicht, im Pyjama – vor

Wut. Ich war drauf und dran, die beiden Halunken zu wecken und auf die Straße zu werfen – mitsamt ihren Fässern! – eigenhändig, rücksichtslos, mitten in der Nacht!

CHOR
Eigenhändig?

BIEDERMANN Ja.

CHOR
Rücksichtslos?

BIEDERMANN Ja.

CHOR
Mitten in der Nacht?

BIEDERMANN Ich war drauf und dran, ja – wäre meine Frau nicht gekommen, die fürchtete, daß ich mich erkälte – drauf und dran!

Er nimmt sich eine Zigarre aus Verlegenheit.

CHORFÜHRER
Wie soll ich's abermals deuten?
Schlaflos verging ihm die Nacht.
Daß sie die Güte des Bürgers mißbrauchen,
Schien es ihm denkbar?
Argwohn befiel ihn. Wieso?

Biedermann zündet seine Zigarre an.

CHOR
Schwer hat es, wahrlich, der Bürger!
Der nämlich, hart im Geschäft,
Sonst aber Seele von Mensch,
Gerne bereit ist,
Gutes zu tun.

CHORFÜHRER
Wo es ihm paßt.

CHOR
Hoffend, es komme das Gute
Aus Gutmütigkeiten,
Der nämlich irrt sich gefährlich.

BIEDERMANN Was wollen Sie damit sagen?

CHOR

Uns nämlich dünkte, es stinkt nach Benzin.

Biedermann schnuppert.

BIEDERMANN Also, meine Herren, ich rieche nichts ...

CHOR

Weh uns!

BIEDERMANN Rein gar nichts.

CHOR

Weh uns!

CHORFÜHRER

So schon gewohnt ist er bösen Geruch.

CHOR

Weh uns!

BIEDERMANN Und kommen Sie nicht immer mit diesem Defaitismus*, meine Herrn, sagen Sie nicht immer: Weh uns!

Man hört ein Auto hupen.

Taxi! – Taxi!

Man hört, wie ein Auto stoppt.

Sie entschuldigen.

Biedermann geht in Eile weg.

CHOR

Bürger – wohin!?

Man hört, wie ein Auto losfährt.

CHORFÜHRER

Was hat er vor, der Unselige, jetzt?
Ängstlich-verwegen, so schien mir, und bleich
Lief er davon,
Ängstlich-entschlossen: wozu?

Man hört, wie ein Auto hupt.

CHOR

So schon gewohnt ist er bösen Geruch!

Man hört das Hupen in der Ferne.

Weh uns!

Miesmacherei

CHORFÜHRER

Weh euch.

Der Chor tritt zurück, ausgenommen der Chorführer, der seine Pfeife nimmt.

CHORFÜHRER

Der die Verwandlungen scheut
Mehr als das Unheil,
Was kann er tun
Wider das Unheil?

Er folgt dem Chor.

Szene 4

Dachboden

Eisenring ist allein und arbeitet, indem er Schnur von einem Haspel wickelt, und pfeift dazu: ⌜Lili Marlen⌝. Er unterbricht sein Pfeifen, um den Zeigfinger zu nässen, und hält den Zeigfinger durch die Lukarne* hinaus, um den Wind zu prüfen.*

Von mhdt. ›haspil‹: Garnwinde

(schweiz.) Dachluke

Stube

Eintritt Biedermann, gefolgt von Babette, er zieht seinen Mantel aus und wirft die Mappe hin, die Zigarre im Mund.

BIEDERMANN Tu, was ich dir sage.

BABETTE Eine Gans?

BIEDERMANN Eine Gans.

Er zieht die Krawatte aus, die Zigarre im Mund.

BABETTE Warum ziehst du die Krawatte aus, Gottlieb?

Er übergibt ihr die Krawatte.

BIEDERMANN Wenn ich sie anzeige, die beiden Gesellen, dann weiß ich, daß ich sie zu meinen Feinden mache. Was hast du davon! Ein Streichholz genügt, und unser Haus steht in Flammen. Was hast du davon? Wenn ich hinaufgehe und sie einlade – sofern sie meine Einladung annehmen . . .

BABETTE Dann?

BIEDERMANN Sind wir eben Freunde. –

Er zieht seine Jacke aus, übergibt sie seiner Frau und geht.

BABETTE Damit Sie's wissen, Anna: Sie haben dann heute abend keinen Ausgang. Wir haben Gesellschaft. Sie dekken den Tisch für vier Personen.

Dachboden

Eisenring singt Lili Marlen, dann klopft es an die Tür.

EISENRING Herein!

Er pfeift weiter, aber niemand tritt ein.

Herein!

Eintritt Biedermann, hemdärmelig, die Zigarre in der Hand.

Morgen, Herr Biedermann!

BIEDERMANN Sie gestatten?

EISENRING Wie haben Sie geschlafen?

BIEDERMANN Danke, miserabel.

EISENRING Ich auch. Wir haben Föhn ...

Er arbeitet weiter mit Schnur und Haspel.

BIEDERMANN Ich möchte nicht stören.

EISENRING Aber bitte, Herr Biedermann, Sie sind hier zu Haus.

BIEDERMANN Ich möchte mich nicht aufdrängen ...

Man hört Gurren der Tauben.

Wo ist denn unser Freund?

EISENRING Der Sepp? An der Arbeit, der faule Hund. Wollte nicht gehen ohne Frühstück! Ich hab ihn geschickt, um Holzwolle aufzutreiben.

BIEDERMANN Holzwolle –?

EISENRING Holzwolle trägt die Funken am weitesten.

Biedermann lacht höflich wie über einen schwachen Witz.

BIEDERMANN Was ich habe sagen wollen, Herr Eisenring –

EISENRING Sie wollen uns wieder hinausschmeißen?

BIEDERMANN Mitten in der Nacht (meine Schlafpillen sind alle) ist es mir eingefallen: Sie haben ja hier oben, meine Herren, gar keine Toilette –

EISENRING Wir haben die Dachrinne.

BIEDERMANN Wie Sie wollen, meine Herren, wie Sie wollen. Es ging mir nur so durch den Kopf. Die ganze

Nacht. Vielleicht möchten Sie sich waschen oder duschen. Benutzen Sie getrost mein Badzimmer! Ich habe Anna gesagt, sie soll Handtücher hinlegen.

Eisenring schüttelt den Kopf.

Warum schütteln Sie den Kopf?

EISENRING Wo hat er sie jetzt wieder hingelegt?

BIEDERMANN Was?

EISENRING Haben Sie irgendwo eine Zündkapsel gesehen?

Er sucht da und dort.

Machen Sie sich keine Sorge, Herr Biedermann, wegen Badzimmer. Im Ernst. Im Gefängnis, wissen Sie, gab's auch kein Badzimmer.

BIEDERMANN Gefängnis?

EISENRING Hat Ihnen denn der Sepp nicht erzählt, daß ich aus dem Gefängnis komme?

BIEDERMANN Nein.

EISENRING Kein Wort?

BIEDERMANN Nein.

EISENRING Der erzählt alleweil nur von sich selbst. Gibt solche Leute! Schließlich was können wir dafür, daß er so eine tragische Jugend gehabt hat. Haben Sie, Herr Biedermann, eine tragische Jugend gehabt? Ich nicht! – ich hätte studieren können, Papa wollte, daß ich Jurist werde.

Er steht an der Lukarne und unterhält sich mit den Tauben:

Grrr! Grrr! Grrr!

Biedermann zündet wieder seine Zigarre an.

BIEDERMANN Herr Eisenring, ich habe die ganze Nacht nicht geschlafen, offen gesprochen: – ist wirklich Benzin in diesen Fässern?

EISENRING Sie trauen uns nicht?

BIEDERMANN Ich frag ja nur.

EISENRING Wofür halten Sie uns, Herr Biedermann, offen gesprochen: wofür eigentlich?

BIEDERMANN Sie müssen nicht denken, mein Freund, daß ich keinen Humor habe, aber ihr habt eine Art zu scherzen, ich muß schon sagen. –

EISENRING Wir lernen das.

BIEDERMANN Was?

EISENRING Scherz ist die drittbeste Tarnung. Die zweitbeste: Sentimentalität. Was unser Sepp so erzählt: Kindheit bei Köhlern im Wald, Waisenhaus, Zirkus und so. Aber die beste und sicherste Tarnung (finde ich) ist immer noch die blanke und nackte Wahrheit. Komischerweise. Die glaubt niemand.

Stube

Anna führt die schwarze Witwe Knechtling herein.

ANNA Nehmen Sie Platz!

Die Witwe setzt sich.

Aber wenn Sie die Frau Knechtling sind, dann hat's keinen Zweck, Herr Biedermann möchte nichts mit Ihnen zu tun haben, hat er gesagt –

Die Witwe erhebt sich.

Nehmen Sie Platz!

Die Witwe setzt sich.

Aber machen Sie sich keine Hoffnung . . .

Anna geht hinaus.

Dachboden

Eisenring steht und hantiert, Biedermann steht und raucht.

EISENRING Wo unser Sepp nur so lange bleibt! Holzwolle ist doch keine Sache. Hoffentlich haben sie ihn nicht geschnappt.

BIEDERMANN Geschnappt?

EISENRING Warum belustigt Sie das?

BIEDERMANN Wenn Sie so reden, wissen Sie, Herr Eisenring, Sie kommen für mich wie aus einer anderen Welt! Geschnappt! Ich finde es ja faszinierend. Wie aus einer anderen Welt! In unseren Kreisen, wissen Sie, wird selten jemand geschnappt –

EISENRING Weil man in Ihren Kreisen keine Holzwolle stiehlt, das ist klar, Herr Biedermann, das ist der Klassenunterschied.

BIEDERMANN Unsinn!

EISENRING Sie wollen doch nicht sagen, Herr Biedermann –

BIEDERMANN Ich glaube nicht an Klassenunterschiede! – das müssen Sie doch gespürt haben, Eisenring, ich bin nicht altmodisch. Im Gegenteil. Ich bedaure es aufrichtig, daß man gerade in den unteren Klassen immer noch von Klassenunterschied schwatzt. Sind wir denn heutzutage nicht alle, ob arm oder reich, Geschöpfe eines gleichen Schöpfers? Auch der Mittelstand. Sind wir, Sie und ich, nicht Menschen aus Fleisch und Blut? . . . Ich weiß nicht, mein Herr, ob Sie auch Zigarren rauchen?

Er bietet an, aber Eisenring schüttelt den Kopf.

Ich rede nicht für Gleichmacherei, versteht sich, es wird immer Tüchtige und Untüchtige geben, Gott sei Dank, aber warum reichen wir uns nicht einfach die Hand? Ein bißchen guten Willen, Herrgottnochmal, ein bißchen Idealismus, ein bißchen – und wir alle hätten unsere Ruhe und unseren Frieden, die Armen und die Reichen, meinen Sie nicht?

EISENRING Wenn ich offen sein darf, Herr Biedermann: –

BIEDERMANN Ich bitte drum.

EISENRING Nehmen Sie's nicht krumm?

BIEDERMANN Je offener, um so besser.

EISENRING Ich meine: – offengesprochen: – Sie sollten hier nicht rauchen.

Biedermann erschrickt und löscht die Zigarre.

Ich habe Ihnen hier keine Vorschriften zu machen, Herr

Biedermann, schließlich und endlich ist es Ihr eigenes Haus, aber Sie verstehen –

BIEDERMANN Selbstverständlich!

Eisenring bückt sich.

EISENRING Da liegt sie ja!

Er nimmt etwas vom Boden und bläst es sauber, bevor er es an der Schnur befestigt, neuerdings pfeifend: Lili Marlen.

BIEDERMANN Sagen Sie, Herr Eisenring: Was machen Sie eigentlich die ganze Zeit? Wenn ich fragen darf. Was ist das eigentlich?

EISENRING Die Zündkapsel.

BIEDERMANN –?

EISENRING Und das ist die Zündschnur.

BIEDERMANN –?

EISENRING Es soll jetzt noch bessere geben, sagt der Sepp, neuerdings. Aber die haben sie noch nicht in den Zeughäusern, und kaufen kommt für uns ja nicht in Frage. Alles was mit Krieg zu tun hat, ist furchtbar teuer, immer nur erste Qualität.

BIEDERMANN Zündschnur? sagen Sie.

EISENRING Knallzündschnur.

Er gibt Biedermann das Ende der Schnur.

Wenn Sie so freundlich sein möchten, Herr Biedermann, dieses Ende zu halten, damit ich messen kann.

Biedermann hält die Schnur.

BIEDERMANN Spaß beiseite, mein Freund –

EISENRING Nur einen Augenblick!

Er pfeift Lili Marlen und mißt die Zündschnur.

Danke, Herr Biedermann, danke sehr!

Biedermann muß plötzlich lachen.

BIEDERMANN Nein, Willi, mich können Sie nicht ins Bockshorn jagen. Mich nicht! Aber ich muß schon sagen, Sie verlassen sich sehr auf den Humor der Leute. Sehr! Wenn Sie so reden, kann ich mir schon vorstellen, daß man Sie ab und zu verhaftet. Nicht alle, mein Freund, nicht alle haben soviel Humor wie ich!

EISENRING Man muß die Richtigen finden.

BIEDERMANN An meinem Stammtisch zum Beispiel, die sehen schon ⸢Sodom und Gomorra⸣, wenn man nur sagt, man glaube an das Gute in den Menschen.

EISENRING Ha.

BIEDERMANN Und dabei habe ich unsrer Feuerwehr eine Summe gestiftet, die ich gar nicht nennen will.

EISENRING Ha.

Er legt die Zündschnur aus.

Die Leute, die keinen Humor haben, sind genau so verloren, wenn's losgeht; seien Sie getrost!

Biedermann muß sich auf ein Faß setzen, Schweiß.

Was ist denn? Herr Biedermann? Sie sind ja ganz bleich!

Er klopft ihm auf die Schulter.

Das ist dieser Geruch, ich weiß, wenn's einer nicht gewohnt ist, dieser Benzingeruch, ich werde noch ein Fensterchen öffnen –

Eisenring öffnet die Tür.

BIEDERMANN Danke ...

Anna ruft im Treppenhaus.

ANNA Herr Biedermann! Herr Biedermann!

EISENRING Schon wieder die Polizei?

ANNA Herr Biedermann!

EISENRING Wenn das kein Polizeistaat ist.

ANNA Herr Biedermann –

BIEDERMANN Ich komme!

Es wird nur noch geflüstert.

Herr Eisenring, mögen Sie Gans?

EISENRING Gans?

BIEDERMANN Gans, ja, Gans.

EISENRING Mögen? Ich? Wieso?

BIEDERMANN Gefüllt mit Kastanien.

EISENRING Und Rotkraut dazu?

BIEDERMANN Ja ... Was ich nämlich habe sagen wollen: Meine Frau und ich, vor allem ich – ich dachte nur: Wenn es Ihnen Freude macht ... Ich will mich nicht aufdrängen! – wenn es Ihnen Freude macht, Herr Eisenring, zu einem netten Abendessen zu kommen, Sie und der Sepp –

EISENRING Heute?

BIEDERMANN Oder lieber morgen?

EISENRING Morgen, glaub ich, sind wir nicht mehr da. Aber heute mit Vergnügen, Herr Biedermann, mit Vergnügen!

BIEDERMANN Sagen wir: Sieben Uhr.

Anna ruft im Treppenhaus.

ANNA Herr Biedermann!

Er gibt die Hand.

BIEDERMANN Abgemacht?

EISENRING Abgemacht.

Biedermann geht und bleibt in der Türe nochmals stehen, freundlich nickend, während er einen stieren Blick auf Fässer und Zündschnur wirft.

Abgemacht!

Biedermann geht, und Eisenring arbeitet weiter, indem er pfeift. Vortritt der Chor, als wäre die Szene zu Ende; aber im Augenblick, wo der Chor sich an der Rampe versammelt hat, gibt es Lärm auf dem Dachboden; irgend etwas ist umgefallen.

Dachboden

EISENRING Du kannst rauskommen, Doktor.

Ein Dritter kriecht zwischen den Fässern hervor, Brillenträger.

Du hast's gehört: Wir müssen zu einem Nachtessen, der Sepp und ich, du machst die Wache hier. Daß keiner hereinkommt und raucht. Verstanden? Bevor's Zeit ist.

Der Dritte putzt seine Brille.

Ich frag mich manchmal, Doktor, was du eigentlich machst bei uns, wenn du keine Freude hast an Feuersbrünsten, an Funken und prasselnden Flammen, an Sirenen, die immer zu spät sind, an Hundegebell und Rauch und Menschengeschrei – und Asche.

Der Dritte setzt seine Brille auf; stumm und ernst. Eisenring lacht.

Weltverbesserer!

Er pfeift eine kurze Weile vor sich hin, ohne den Doktor anzusehen.

Ich mag euch Akademiker nicht, aber das weißt du, Doktor, das sagte ich dir sofort: 's ist keine rechte Freude dabei, euresgleichen ist immer so ideologisch, immer so ernst, bis es reicht zum Verrat – 's ist keine rechte Freude dabei.

Er hantiert weiter und pfeift weiter.

CHOR

Wir sind bereit.
Sorgsam gerollt sind die Schläuche, die roten,
Alles laut Vorschrift,
Blank ist und sorgsam geschmiert und aus Messing
Jeglicher Haspel.
Jedermann weiß, was zu tun ist.

CHORFÜHRER

Leider herrscht Föhn –

CHOR

Jedermann weiß, was zu tun ist,
Blank auch und sorgsam geprüft,
Daß es an Druck uns nicht fehle,
Ist unsere Pumpe,
Gleichfalls aus Messing.

CHORFÜHRER

Und die Hydranten*?

Wasserzapfstellen

CHOR

Jedermann weiß, was zu tun ist.

CHORFÜHRER

Wir sind bereit. –

Es kommen Babette, eine Gans in der Hand, und der Dr. phil.

BABETTE Ja, Herr Doktor, ja, ich weiß, aber mein Mann, ja, es ist dringend, Herr Doktor, es ist dringend, ja, ich werde es ihm sagen –

Sie läßt den Doktor stehen und tritt an die Rampe.

Mein Mann hat eine Gans bestellt, bitte, da ist sie. Und ich soll sie braten! Damit wir Freunde werden mit denen da oben.

Man hört Kirchenglockengeläute.

Es ist Samstagabend, wie Sie hören, und ich werde so eine dumme Ahnung nicht los: daß sie vielleicht zum letzten Mal so läuten, die Glocken unsrer Stadt . . .

Biedermann ruft nach Babette.

Ich weiß nicht, meine Damen, ob Gottlieb immer recht

hat. Das hat er nämlich schon einmal gesagt: Natürlich sind's Halunken, aber wenn ich sie zu meinen Feinden mache, Babette, dann ist unser Haarwasser hin! Und kaum war er in der Partei –

Biedermann ruft nach Babette.

Immer das gleiche! Ich kenne meinen Gottlieb. Immer wieder ist er zu gutmütig, ach, einfach zu gutmütig!

Babette geht mit der Gans.

CHOR

Einer mit Brille.
Sohn wohl aus besserem Haus,
Neidlos,
Aber belesen, so scheint mir, und bleich,
Nimmermehr hoffend, es komme das Gute
Aus Gutmütigkeit,
Sondern entschlossen zu jedweder Tat,
Nämlich es heiligt die Mittel (so hofft er) der Zweck,
Ach,
Hoffend auch er . . . bieder-unbieder!
Putzend die Brille, um Weitsicht zu haben,
Sieht er in Fässern voll Brennstoff
Nicht Brennstoff –
Er nämlich sieht die Idee!
Bis es brennt.

DR. PHIL.

Guten Abend . . .

CHORFÜHRER

An die Schläuche!
An die Pumpe!
An die Leiter!

Die Feuerwehrmänner rennen an ihre Plätze.

CHORFÜHRER

Guten Abend.

Zum Publikum; nachdem man Bereit-Rufe von überall gehört hat.

Wir sind bereit. –

Szene 5

Stube

Die Witwe Knechtling ist noch immer da, sie steht. Man hört das Glockengeläute sehr laut. Anna deckt den Tisch, und Biedermann bringt zwei Sessel.

BIEDERMANN – weil ich, wie Sie sehen, keine Zeit habe, Frau Knechtling, keine Zeit, um mich mit Toten zu befassen – wie gesagt: Wenden Sie sich an meinen Rechtsanwalt.

Die Witwe Knechtling geht.

Man hört ja seine eigne Stimme nicht, Anna, machen Sie das Fenster zu!

Anna macht das Fenster zu, und das Geläute tönt leiser.

Ich habe gesagt: Ein schlichtes und gemütliches Abendessen. Was sollen diese idiotischen Kandelaber*!

Mehrarmige Kerzenleuchter

ANNA Haben wir aber immer, Herr Biedermann.

BIEDERMANN Schlicht und gemütlich, sag ich. Nur keine Protzerei! – und diese Wasserschalen, verdammtnochmal! diese Messerbänklein*, Silber, nichts als Silber und Kristall. Was macht das für einen Eindruck!

Gestelle für Ablage der Messer

Er sammelt die Messerbänklein und steckt sie in die Hosentasche.

Sie sehen doch, Anna, ich trage meine älteste Hausjacke, und Sie – Das große Geflügelmesser können Sie lassen, Anna, das brauchen wir. Aber sonst: Weg mit diesem Silber! Die beiden Herren sollen sich wie zu Haus fühlen ... Wo ist der Korkenzieher?

ANNA Hier.

BIEDERMANN Haben wir nichts Einfacheres?

ANNA In der Küche, aber der ist rostig.

BIEDERMANN Her damit!

Er nimmt einen Silberkübel vom Tisch.

Was soll denn das?

ANNA Für den Wein –

BIEDERMANN Silber!

Er starrt auf den Kübel und dann auf Anna.

Haben wir das immer?

ANNA Das braucht man doch, Herr Biedermann.

BIEDERMANN Brauchen! Was heißt brauchen? Was wir brauchen, das ist Menschlichkeit, Brüderlichkeit. Weg damit! – und was, zum Teufel, bringen Sie denn da?

ANNA Servietten.

BIEDERMANN Damast*!

ANNA Wir haben keine andern.

Er sammelt die Servietten und steckt sie in den Silberkübel.

BIEDERMANN Es gibt ganze Völkerstämme, die ohne Servietten leben, Menschen wie wir –

Eintritt Babette mit einem großen Kranz, Biedermann bemerkt sie noch nicht, er steht vor dem Tisch.

Ich frage mich, wozu wir überhaupt ein Tischtuch brauchen –

BABETTE Gottlieb?

BIEDERMANN Nur keine Klassenunterschiede!

Er sieht Babette.

Was soll dieser Kranz?

BABETTE Den wir bestellt haben. Was sagst du dazu, Gottlieb, jetzt schicken sie den Kranz hierher. Dabei habe ich ihnen selber die Adresse geschrieben, die Adresse von Knechtlings, schwarz auf weiß. Und die Schleife und alles ist verkehrt!

BIEDERMANN Die Schleife, wieso?

BABETTE Und die Rechnung, sagt der Bursche, die haben sie an die Frau Knechtling geschickt.

Sie zeigt die Schleife.

Urspr. Stoff »aus Damaskus«, besonders feine und glatte Tischdecken und Servietten

UNSEREM UNVERGESSLICHEN GOTTLIEB BIEDERMANN.

Er betrachtet die Schleife.

BIEDERMANN Das nehmen wir nicht an. Kommt nicht in Frage! Das müssen sie ändern –

Er geht zum Tisch zurück.

Mach mich jetzt nicht nervös, Babette, ich habe anderes zu tun, Herrgottnochmal, ich kann nicht überall sein.

Babette geht mit dem Kranz.

Also weg mit dem Tischtuch! Helfen Sie mir doch, Anna. Und wie gesagt: Es wird nicht serviert. Unter keinen Umständen! Sie kommen herein, ohne zu klopfen, einfach herein und stellen die Pfanne einfach auf den Tisch –

ANNA Die Pfanne?

Er nimmt das Tischtuch weg.

BIEDERMANN Sofort eine ganz andere Stimmung. Sehn Sie! Ein hölzerner Tisch, nichts weiter, wie beim Abendmahl.

Er gibt ihr das Tischtuch.

ANNA Herr Biedermann meinen, ich soll die Gans einfach in der Pfanne bringen?

Sie faltet das Tischtuch zusammen.

Was für einen Wein, Herr Biedermann, soll ich denn holen?

BIEDERMANN Ich hole ihn selbst.

ANNA Herr Biedermann!

BIEDERMANN Was denn noch?

ANNA Ich hab aber keinen solchen Pullover, wie Sie sagen, Herr Biedermann, so einen schlichten, daß man meint, ich gehöre zur Familie.

BIEDERMANN Nehmen Sie's bei meiner Frau!

ANNA Den gelben oder den roten?

BIEDERMANN Nur keine Umstände! Ich will kein Häubchen sehen und kein Schürzchen. Verstanden? Und wie gesagt: Weg mit diesen Kandelabern! Und überhaupt: Sehen Sie zu, Anna, daß hier nicht alles so ordentlich ist!

. . . Ich bin im Keller.

Biedermann geht hinaus.

ANNA »Sehen Sie zu, daß hier nicht alles so ordentlich ist!«

Sie schleudert das Tischtuch, nachdem es zusammengefaltet ist, in irgendeine Ecke und tritt mit beiden Füßen drauf.

ANNA Bitte sehr.

Eintreten Schmitz und Eisenring, jeder mit einer Rose in der Hand.

BEIDE Guten Abend, Fräulein!

Anna geht hinaus, ohne die beiden anzublicken.

EISENRING Wieso keine Holzwolle?

SCHMITZ Beschlagnahmt. Polizeilich. Vorsichtsmaßnahme. Wer Holzwolle verkauft oder besitzt, ohne eine polizeiliche Genehmigung zu haben, wird verhaftet. Vorsichtsmaßnahme im ganzen Land . . .

Er kämmt sich die Haare.

EISENRING Hast du noch Streichhölzchen?

SCHMITZ Ich nicht.

EISENRING Ich auch nicht.

Schmitz bläst seinen Kamm aus.

SCHMITZ Müssen ihn darum bitten.

EISENRING Biedermann?

SCHMITZ Aber nicht vergessen.

Er steckt den Kamm ein und schnuppert.

Mh, wie das schon duftet! . . .

Biedermann tritt an die Rampe, Flaschen im Arm.

BIEDERMANN Sie können über mich denken, meine Herren, wie Sie wollen. Aber antworten Sie mir auf eine Frage: –

Man hört Grölen und Lachen.

Ich sag mir: Solange sie grölen und saufen, tun sie nichts anderes . . . Die besten Flaschen aus meinem Keller, hätte es mir einer vor einer Woche gesagt – Hand aufs Herz: Seit wann (genau) wissen Sie, meine Herren, daß es Brandstifter sind? Es kommt eben nicht so, meine Herren, wie Sie meinen – sondern langsam und plötzlich . . . Verdacht! Das hatte ich sofort, meine Herren, Verdacht hat man immer – aber Hand aufs Herz, meine Herrn: Was hätten Sie denn getan, Herrgottnochmal, an meiner Stelle? Und wann?

Er horcht, und es ist still.

Ich muß hinauf!

Er entfernt sich geschwind.

Szene 6

Stube

Das Gansessen ist im vollen Gang, Gelächter, vor allem Biedermann (noch mit den Flaschen im Arm) kann sich von dem Witz, der gefallen ist, nicht mehr erholen; nur Babette lacht durchaus nicht.

BIEDERMANN Putzfäden! Hast du das wieder gehört? Putzfäden, sagt er, Putzfäden brennen noch besser!

BABETTE Wieso ist das ein Witz?

BIEDERMANN Putzfäden! – weißt du, was Putzfäden sind?

BABETTE Ja.

BIEDERMANN Du hast keinen Humor, Babettchen.
Er stellt die Flasche auf den Tisch.
Was soll man machen, meine Freunde, wenn jemand einfach keinen Humor hat?

BABETTE So erkläre es mir doch.

BIEDERMANN Also! – heute morgen sagt der Willi, er hätte den Sepp geschickt, um Holzwolle zu stehlen. Holzwolle, das verstehst du? Und jetzt frage ich den Sepp: Was macht denn die Holzwolle? worauf er sagt: Holzwolle habe er nicht auftreiben können, aber Putzfäden. Verstehst du? Und Willi sagt: Putzfäden brennen noch viel besser!

BABETTE Das habe ich verstanden.

BIEDERMANN Ja? Hast du verstanden?

BABETTE Und was ist der Witz dran?
Biedermann gibt es auf.

BIEDERMANN Trinken wir, meine Herren!
Biedermann entkorkt die Flasche.

BABETTE Ist das denn wahr, Herr Schmitz, Sie haben Putzfäden auf unseren Dachboden gebracht?

BIEDERMANN Du wirst lachen, Babette, heute vormittag haben wir zusammen sogar die Zündschnur gemessen, der Willi und ich.

BABETTE Zündschnur?

BIEDERMANN Knallzündschnur!

Er füllt die Gläser.

BABETTE Jetzt aber im Ernst, meine Herren, was soll das alles?

Biedermann lacht.

BIEDERMANN Im Ernst! sagt sie. Im Ernst! Hören Sie das? Im Ernst! . . . Laß dich nicht foppen, Babette, ich hab's dir gesagt, unsere Freunde haben eine Art zu scherzen – andere Kreise, andere Witze! sag ich immer . . . Es fehlt jetzt nur noch, daß sie mich um Streichhölzchen bitten!

Schmitz und Eisenring geben einander einen Blick.

Nämlich die beiden Herren halten mich immer noch für einen ängstlichen Spießer, der keinen Humor hat, weißt du, den man ins Bockshorn jagen kann –

Er hebt sein Glas.

Prost!

EISENRING Prost!

SCHMITZ Prost!

Sie stoßen an.

BIEDERMANN Auf unsere Freundschaft.

Sie trinken und setzen sich wieder.

In unserem Haus wird nicht serviert, meine Herren, Sie greifen einfach zu.

SCHMITZ Aber ich kann nicht mehr.

EISENRING Zier dich nicht. Du bist nicht im Waisenhaus, Sepp, zier dich nicht.

Er bedient sich mit Gans.

Ihre Gans, Madame, ist Klasse.

BABETTE Das freut mich.

Rotwein aus der Bourgogne (Burgund)

EISENRING Gans und Pommard*! – dazu gehörte eigentlich bloß noch ein Tischtuch.

BABETTE Hörst du's Gottlieb?

EISENRING Es muß aber nicht sein! – so ein weißes Tischtuch, wissen Sie, Damast mit Silber drauf.

BIEDERMANN Anna!

EISENRING Damast mit Blumen drin, aber weiß, wissen Sie, wie Eisblumen! – es muß aber nicht sein, Herr Biedermann, es muß aber nicht sein. Im Gefängnis haben wir auch kein Tischtuch gehabt.

BIEDERMANN Anna!

BABETTE Im Gefängnis –?

BIEDERMANN Wo ist sie denn?

BABETTE Sie sind im Gefängnis gewesen?

Anna kommt; sie trägt einen knallroten Pullover.

BIEDERMANN Anna, bringen Sie sofort ein Tischtuch!

ANNA Sehr wohl. –

EISENRING Und wenn Sie so etwas wie Fingerschalen* haben –

*Fingerschalen: Wasserschalen zum Reinigen der Finger

ANNA Sehr wohl. –

EISENRING Sie finden es vielleicht kindisch, Madame, aber so sind halt die Leute aus dem Volk. Sepp zum Beispiel, der bei den Köhlern aufgewachsen ist und noch nie ein Messerbänklein gesehen hat, sehen Sie, es ist nun einmal der Traum seines verpfuschten Lebens: – so eine Tafel mit Silber und Kristall!

BABETTE Gottlieb, das haben wir doch alles.

EISENRING Aber es muß nicht sein.

ANNA Bitte sehr.

EISENRING Und wenn Sie schon Servietten haben, Fräulein: Her damit!

ANNA Herr Biedermann hat gesagt –

BIEDERMANN Her damit!

ANNA Bitte sehr.

Anna bringt alles wieder herbei.

EISENRING Sie nehmen es hoffentlich nicht krumm, Madame. Wenn man aus dem Gefängnis kommt, wissen

Sie, Monate lang ohne Kultur –

Er nimmt das Tischtuch und zeigt es Schmitz.

Weißt du, was das ist?

Hinüber zu Babette.

Hat er noch nie gesehen!

Wieder zurück zu Schmitz.

Das ist Damast.

SCHMITZ Und jetzt? Was soll ich damit?

Eisenring bindet ihm das Tischtuch um den Hals.

EISENRING So. –

Biedermann versucht es lustig zu finden und lacht.

BABETTE Und wo sind denn unsere Messerbänklein, Anna, unsere Messerbänklein?

ANNA Herr Biedermann –

BIEDERMANN Her damit!

ANNA Sie haben gesagt: Weg damit.

BIEDERMANN Her damit! sag ich. Wo sind sie denn, Herrgottnochmal?

ANNA In Ihrer linken Hosentasche.

Biedermann greift in die Hosentasche und findet sie.

EISENRING Nur keine Aufregung.

ANNA Ich kann doch nichts dafür!

EISENRING Nur keine Aufregung, Fräulein –

Anna bricht in Heulen aus, dreht sich und läuft weg.

EISENRING Das ist der Föhn.

Pause

BIEDERMANN Trinken Sie, meine Freunde, trinken Sie!

Sie trinken und schweigen.

EISENRING Gans habe ich jeden Tag gegessen, wissen Sie, als Kellner. Wenn man so durch die langen Korridore flitzt, die Platte auf der flachen Hand. Aber dann, Madame, wo putzt unsereiner die Finger ab? Das ist es. Wo anders als an den eignen Haaren? – während andere Menschen eine kristallene Wasserschale dafür haben! Das ist's, was ich nie vergessen werde.

Er taucht seine Finger in die Fingerschale.

Wissen Sie, was ein Trauma* ist?

Psychoanalyt. Terminus für anhaltende seelische Erschütterung (griech.: ›Wunde‹)

BIEDERMANN Nein.

EISENRING Haben sie mir im Gefängnis alles erklärt ...

Er trocknet seine Finger ab.

BABETTE Und wieso, Herr Eisenring, sind Sie denn ins Gefängnis gekommen?

BIEDERMANN Babette!

EISENRING Wieso ich ins Gefängnis gekommen bin?

BIEDERMANN Das fragt man doch nicht!

EISENRING Ich frage mich selbst ... Ich war ein Kellner, wie gesagt, ein kleiner Oberkellner, und plötzlich verwechselten sie mich mit einem großen Brandstifter.

BIEDERMANN Hm.

EISENRING Verhafteten mich in meiner Wohnung.

BIEDERMANN Hm.

EISENRING Ich war so erstaunt, daß ich drauf einging.

BIEDERMANN Hm.

EISENRING Ich hatte Glück, Madame, ich hatte sieben ausgesprochen reizende Polizisten. Als ich sagte, ich müsse an meine Arbeit und hätte keine Zeit, sagten sie: Ihr Etablissement* ist niedergebrannt.

Öffentliches Lokal (franz.: ›Niederlassung‹)

BIEDERMANN Niedergebrannt?

EISENRING So über Nacht, scheint es, ja.

BABETTE Niedergebrannt?

EISENRING Schön! sagte ich: Dann hab ich Zeit. Es war nur noch ein rauchendes Gebälk, unser Etablissement, ich sah es im Vorbeifahren, wissen Sie, durch dieses kleine Gitterfenster aus dem Gefängniswagen.

Er trinkt kennerhaft.

BIEDERMANN Und dann?

Eisenring betrachtet die Etikette.

EISENRING Den hatten wir auch: Neunundvierziger! Cave de l'Echannon* ... Und dann? Das muß Ihnen der Sepp erzählen. Als ich so im Vorzimmer sitze und mit den

Hervorragende Weinsorte

Handschellen spiele, sage und schreibe, wer wird da hereingeführt? – der da!

Schmitz strahlt.

Prost, Sepp!

SCHMITZ Prost, Willi!

Sie trinken.

BIEDERMANN Und dann?

SCHMITZ Sind Sie der Brandstifter? fragt man ihn und bietet Zigaretten an. Entschuldigen Sie! sagt er: Streichhölzer habe ich leider nicht, Herr Kommissar, obschon Sie mich für einen Brandstifter halten –

Sie lachen dröhnend und hauen sich auf die Schenkel.

BIEDERMANN Hm. –

Anna ist eingetreten, sie trägt wieder Häubchen und Schürzchen, sie überreicht eine Visitenkarte, die Biedermann sich ansieht.

ANNA Es ist dringend, sagt er.

BIEDERMANN Wenn ich aber Gäste habe –

Schmitz und Eisenring stoßen wieder an.

SCHMITZ Prost, Willi!

EISENRING Prost, Sepp!

Sie trinken, Biedermann betrachtet die Visitenkarte.

BABETTE Wer ist es denn, Gottlieb?

BIEDERMANN Dieser Dr. phil. . . .

Anna betätigt sich beim Schrank.

EISENRING Und was ist denn das andere dort, Fräulein, das Silberne dort?

ANNA Die Kandelaber?

EISENRING Warum verstecken Sie das?

BIEDERMANN Her damit!

ANNA Herr Biedermann haben selbst gesagt –

BIEDERMANN Her damit! sag ich.

Anna stellt die Kandelaber auf den Tisch.

EISENRING Sepp, was sagst du dazu? Haben sie Kandelaber und verstecken sie! Was willst du noch? Silber mit

Kerzen drauf ... Hast du Streichhölzer?

Er greift in seine Hosentasche.

SCHMITZ Ich? Nein.

Er greift in seine Hosentasche.

EISENRING Leider haben wir gar keine Streichhölzer, Herr Biedermann, tatsächlich.

BIEDERMANN Ich habe.

EISENRING Geben Sie her!

BIEDERMANN Ich mach es schon. Lassen Sie nur! Ich mach es schon. *Er zündet die Kerzen an.*

BABETTE Was will denn der Herr?

ANNA Ich versteh ihn nicht, Madame, er kann nicht länger schweigen, sagt er und wartet im Treppenhaus.

BABETTE Unter vier Augen? sagt er.

ANNA Ja, und dann will er immer etwas enthüllen.

BABETTE Was?

ANNA Das versteh ich nicht, Madame, und wenn er's mir hundertmal sagt; er sagt: er möchte sich distanzieren ...

Es leuchten viele Kerzen.

EISENRING Macht doch sofort einen ganz anderen Eindruck, finden Sie nicht, Madame? Candle-light*.

(engl.) Kerzenlicht

BABETTE Ach ja.

EISENRING Ich bin für Stimmung.

BIEDERMANN Sehen Sie, Herr Eisenring, das freut mich ...

Es sind alle Kerzen angezündet.

EISENRING Schmitz, schmatze nicht!

Babette nimmt Eisenring zur Seite.

BABETTE Lassen Sie ihn doch!

EISENRING Er hat kein Benehmen, Madame, ich bitte um Entschuldigung; es ist mir furchtbar. Woher soll er's haben! Von der Köhlerhütte zum Waisenhaus –

BABETTE Ich weiß!

EISENRING Vom Waisenhaus zum Zirkus –

BABETTE Ich weiß!

EISENRING Vom Zirkus zum Theater.

BABETTE Das habe ich nicht gewußt, nein –

EISENRING Schicksale, Madame, Schicksale!

Babette wendet sich an Schmitz.

BABETTE Beim Theater sind Sie auch gewesen?

Schmitz nagt ein Gansbein und nickt.

Wo denn?

SCHMITZ Hinten.

EISENRING Dabei ist er begabt – Sepp als Geist, haben Sie das schon erlebt?

SCHMITZ Aber nicht jetzt!

EISENRING Wieso nicht?

SCHMITZ Ich war nur eine Woche beim Theater, Madame, dann ist es niedergebrannt –

BABETTE Niedergebrannt?

EISENRING Zier dich nicht!

BIEDERMANN Niedergebrannt?

EISENRING Zier dich nicht!

Er löst das Tischtuch, das Schmitz als Serviette getragen hat, und wirft es dem Schmitz über den Kopf.

Los!

Schmitz, verhüllt mit dem weißen Tischtuch, erhebt sich.

Bitte. Sieht er nicht aus wie ein Geist?

ANNA Ich hab aber Angst.

EISENRING Mädelchen!

Er nimmt Anna in seinen Arm, sie hält die Hände vors Gesicht.

SCHMITZ »Können wir?«

EISENRING Das ist Theatersprache, Madame, das hat er auf den Proben gelernt in einer einzigen Woche, bevor es niedergebrannt ist, erstaunlicherweise.

BABETTE Reden Sie doch nicht immer von Bränden!

SCHMITZ »Können wir?«

EISENRING Bereit. –

Alle sitzen, Eisenring hält Anna an seiner Brust.

SCHMITZ

⌜JEDERMANN⌝! JEDERMANN!

BABETTE Gottlieb –?

BIEDERMANN Still!

BABETTE Das haben wir in Salzburg gesehen.

SCHMITZ

BIEDERMANN! BIEDERMANN!

EISENRING Ich find's großartig, wie er das macht.

SCHMITZ

BIEDERMANN! BIEDERMANN!

EISENRING Sie müssen fragen, wer bist du?

BIEDERMANN Ich?

EISENRING Sonst wird er seinen Text nicht los.

SCHMITZ

JEDERMANN! BIEDERMANN!

BIEDERMANN Also: – wer bin ich?

BABETTE Nein! Du mußt doch fragen, wer er ist.

BIEDERMANN Ah so.

SCHMITZ

HÖRT IHR MICH NICHT?

EISENRING Nein, Sepp, nochmals von Anfang an!

Sie nehmen eine andere Stellung ein.

SCHMITZ

JEDERMANN! BIEDERMANN!

BABETTE Bist du – zum Beispiel – der Tod?

BIEDERMANN Quatsch!

BABETTE Was kann er denn sonst sein?

BIEDERMANN Du mußt fragen: Wer bist du? ⌜Er kann auch der Geist von Hamlet sein. Oder der Steinerne Gast, weißt du. Oder dieser Dingsda, wie heißt er schon: der Mitarbeiter vom Macbeth …⌝

SCHMITZ

WER RUFT MICH?

EISENRING Weiter.

SCHMITZ

BIEDERMANN GOTTLIEB!

BABETTE Frag du ihn doch, er spricht zu dir.

SCHMITZ

HÖRT IHR MICH NICHT?

BIEDERMANN Wer bist du denn?

SCHMITZ

ICH BIN DER GEIST – VON KNECHTLING.

Babette springt auf und schreit.

EISENRING Stop.

Er reißt dem Schmitz das weiße Tischtuch herunter.

Ein Idiot bist du! Das kannst du doch nicht machen. Knechtling! Das geht doch nicht. Knechtling ist heute begraben worden.

SCHMITZ Eben.

Babette hält ihre Hände vors Gesicht.

EISENRING Madame, er ist es nicht!

Er schüttelt den Kopf über Schmitz.

Wie kannst du so geschmacklos sein?

SCHMITZ Es fiel mir nichts anderes ein ...

EISENRING Knechtling! Ausgerechnet. Ein alter und treuer Mitarbeiter von Herrn Biedermann, stell dir das vor: Heute begraben – der ist ja noch ganz beisammen, bleich wie ein Tischtuch, weißlich und glänzend wie Damast, steif und kalt, aber zum Hinstellen ...

Er faßt Babette an der Schulter.

Ehrenwort, Madame, er ist es nicht.

Schmitz wischt sich den Schweiß.

SCHMITZ Entschuldigung.

BIEDERMANN Setzen wir uns.

ANNA Ist das jetzt alles?

Man setzt sich, Pause der Verlegenheit.

BIEDERMANN Wie wär's mit einer kleinen Zigarre, meine Herren?

Er bietet eine Schachtel mit Zigarren an.

EISENRING Idiot! da siehst du's, wie Herr Biedermann zittert ... Danke, Herr Biedermann, danke! ... Wenn du meinst, das sei lustig. Wo du genau weißt: Knechtling hat sich unter den Gasherd gelegt, nachdem unser Gottlieb getan hat, was er konnte, für diesen Knechtling. Vierzehn Jahre lang hat er ihm Arbeit gegeben, diesem Knechtling, das ist der Dank –

BIEDERMANN Reden wir nicht mehr davon.

EISENRING Das ist dein Dank für die Gans!

Sie rüsten ihre Zigarren.

SCHMITZ Soll ich etwas singen?

EISENRING Was?

SCHMITZ ⌜»Fuchs, du hast die Gans gestohlen –«⌝

Er singt mit voller Stimme:

»Fuchs, du hast die Gans gestohlen,
gib sie wieder her –«

EISENRING Laß das.

SCHMITZ

»Gib sie wieder her,
Sonst wird dich der Jäger holen –«

EISENRING Er ist betrunken.

SCHMITZ

»Mit dem Scheißgewehr.«

EISENRING Hören Sie nicht zu, Madame.

SCHMITZ

»Gib sie wieder her,
Sonst wird dich der Jäger holen
Mit dem Scheißgewehr!«

BIEDERMANN Scheißgewehr ist gut.

ALLE MÄNNER

»Fuchs, du hast die Gans gestohlen –«

Sie singen mehrstimmig, einmal sehr laut, einmal sehr leise, Wechselgesang jeder Art, Gelächter und grölende Verbrüderung, einmal eine Pause, aber dann ist es Biedermann, der wieder anhebt und in der Spaßigkeit vorangeht, bis sich das Ganze erschöpft.

BIEDERMANN Also: – Prost!

Sie heben die Gläser, und man hört Sirenen in der Ferne.

Was war das?

EISENRING Sirenen.

BIEDERMANN Spaß beiseite! –

BABETTE Brandstifter, Brandstifter!

BIEDERMANN Schrei nicht.

Babette reißt das Fenster auf, und die Sirenen kommen näher, heulen, daß es durch Mark und Bein geht, und sausen vorbei.

Wenigstens nicht bei uns.

BABETTE Wo kann das nur sein?

EISENRING Wo der Föhn herkommt.

BIEDERMANN Wenigstens nicht bei uns ...

EISENRING Das machen wir meistens so. Wir holen die Feuerwehr in ein billiges Außenviertel, und später, wenn's wirklich losgeht, ist ihnen der Rückweg versperrt.

BIEDERMANN Nein, meine Herren, Spaß beiseite –

SCHMITZ So machen wir's aber, Spaß beiseite.

BIEDERMANN Schluß mit diesem Unsinn! ich bitte Sie. Alles mit Maß, Sie sehen, meine Frau ist kreidebleich.

BABETTE Und du?!

BIEDERMANN Und überhaupt: Sirenen sind Sirenen, darüber kann ich nicht lachen, meine Herren, irgendwo hört's auf, irgendwo brennt's, sonst würde unsere Feuerwehr nicht ausfahren.

Eisenring blickt auf seine Uhr.

EISENRING Wir müssen gehen.

BIEDERMANN Jetzt?

EISENRING Leider.

SCHMITZ »Sonst wird dich der Jäger holen ...«

Man hört nochmals die Sirenen.

BIEDERMANN Mach einen Kaffee, Babette!

Babette geht hinaus.

Und Sie, Anna, was stehen Sie da und glotzen?

Anna geht hinaus.

Unter uns, meine Herren: Genug ist genug. Meine Frau ist herzkrank. Scherzen wir nicht länger über Brandstifterei.

SCHMITZ Wir scherzen ja nicht, Herr Biedermann.

EISENRING Wir sind Brandstifter.

BIEDERMANN Meine Herren, jetzt ganz im Ernst –

SCHMITZ Ganz im Ernst.

EISENRING Ganz im Ernst.

SCHMITZ Warum glauben Sie uns nicht?

EISENRING Ihr Haus, Herr Biedermann, liegt sehr günstig, das müssen Sie einsehen: fünf solche Brandherde rings um die ⌜Gasometer⌝, die leider bewacht sind, und dazu ein richtiger Föhn –

BIEDERMANN Das ist nicht wahr.

SCHMITZ Herr Biedermann! Wenn Sie uns schon für Brandstifter halten, warum nicht offen darüber reden?

Biedermann blickt wie ein geschlagener Hund.

BIEDERMANN Ich halte Sie ja nicht für Brandstifter, meine Herren, das ist nicht wahr, Sie tun mir Unrecht, ich halte Sie nicht für – Brandstifter . . .

EISENRING Hand aufs Herz!

BIEDERMANN Nein! Nein, nein! Nein!

SCHMITZ Aber wofür halten Sie uns denn?

BIEDERMANN Für meine – Freunde . . .

Sie klopfen ihm auf die Schulter und lassen ihn stehen.

Wohin gehen Sie jetzt?

EISENRING ’s ist Zeit.

BIEDERMANN Ich schwör es Ihnen, meine Herren, bei Gott!

EISENRING Bei Gott?

BIEDERMANN Ja!

Er hält die Schwurfinger langsam hoch.

SCHMITZ Er glaubt nicht an Gott, der Willi, so wenig wie Sie, Herr Biedermann – da können Sie lange schwören.

Sie gehen weiter zur Türe.

BIEDERMANN Was soll ich tun, daß Sie mir glauben?

Er vertritt ihnen den Ausgang.

EISENRING Geben Sie uns Streichhölzchen.

BIEDERMANN Was – soll ich?

EISENRING Wir haben keine mehr.

BIEDERMANN Ich soll –

EISENRING Ja. Wenn Sie uns nicht für Brandstifter halten.

BIEDERMANN Streichhölzchen?

SCHMITZ Als Zeichen des Vertrauens, meint er.

Biedermann greift in seine Tasche.

EISENRING Er zögert. Siehst du? Er zögert.

BIEDERMANN Still! – aber nicht vor meiner Frau . . .

Babette kommt zurück.

BABETTE Der Kaffee kommt sogleich.

Pause

Sie müssen gehen?

BIEDERMANN Ja, meine Freunde – so schade es ist, aber – Hauptsache, daß Sie gespürt haben – Ich will nicht viel Worte machen, meine Freunde, aber warum sagen wir einander eigentlich nicht du?

BABETTE Hm.

BIEDERMANN Ich bin dafür, daß wir Bruderschaft trinken!

Er nimmt eine Flasche und den Korkenzieher.

EISENRING Sagen Sie doch Ihrem lieben Mann, er soll deswegen keine Flasche mehr aufmachen, es lohnt sich nicht mehr.

Biedermann entkorkt.

BIEDERMANN Es ist mir nichts zu viel, meine Freunde, nichts zu viel, und wenn Sie irgendeinen Wunsch haben – irgendeinen Wunsch . . .

Er füllt hastig die Gläser und gibt die Gläser.

Meine Freunde, stoßen wir an!

Sie stoßen an.

Gottlieb. –

Er küßt Schmitz auf die Wange.

SCHMITZ Sepp. –

BIEDERMANN Gottlieb.

Er küßt Eisenring auf die Wange.

EISENRING Willi. –

Sie stehen und trinken.

Trotzdem, Gottlieb, müssen wir jetzt gehen.

SCHMITZ Leider.

EISENRING Madame –

Man hört Sirenen.

BABETTE Es war ein reizender Abend.

Man hört Sturmglocken.

EISENRING Nur noch eins, Gottlieb: –

BIEDERMANN Was denn?

EISENRING Du weißt es.

BIEDERMANN Wenn Ihr irgendeinen Wunsch habt –

EISENRING Die Streichhölzchen.

Anna ist eingetreten mit dem Kaffee.

BABETTE Anna, was ist los?

ANNA Der Kaffee.

BABETTE Sie sind ja ganz verstört?

ANNA Dahinten – der Himmel, Frau Biedermann, von der Küche aus – der Himmel brennt ...

Es ist schon sehr rot, als Schmitz und Eisenring sich verneigen und gehen. Biedermann steht bleich und starr.

BIEDERMANN Zum Glück ist's nicht bei uns ... Zum Glück ist's nicht bei uns ... Zum Glück –

Eintritt der Akademiker.

Was wollen Sie?

DR. PHIL. Ich kann nicht länger schweigen.

Er nimmt ein Schriftstück aus der Brusttasche und verliest:

»Der Unterzeichnete, selber zutiefst erschüttert von den Ereignissen, die zur Zeit im Gang sind und die auch von unsrem Standpunkt aus, wie mir scheint, nur als verbrecherisch bezeichnet werden können, gibt die folgende Erklärung zuhanden der Öffentlichkeit: –«

Viele Sirenen heulen, er verliest einen ausführlichen Text, wovon man aber kein Wort versteht, man hört Hundegebell, Sturmglocken, Schreie, Sirenen in der Ferne, das Prasseln von Feuer in der Nähe; dann tritt er zu Biedermann und überreicht ihm das Schriftstück.

Ich distanziere mich –

BIEDERMANN Und?

DR. PHIL. Ich habe gesagt, was ich zu sagen habe.

Er nimmt seine Brille ab und klappt sie zusammen.

Sehen Sie, Herr Biedermann, ich war ein Weltverbesserer, ein ernster und ehrlicher, ich habe alles gewußt, was sie auf dem Dachboden machten, alles, nur das eine nicht: Die machen es aus purer Lust!

BIEDERMANN Herr Doktor –

Der Akademiker entfernt sich.

Sie, Herr Doktor, was soll ich damit?

⌜*Der Akademiker steigt über die Rampe und setzt sich ins Parkett.*⌝

BABETTE Gottlieb –

BIEDERMANN Weg ist er.

BABETTE Was hast du denen gegeben? Ich hab's gesehen! – Streichhölzer?

BIEDERMANN Warum nicht.

BABETTE Streichhölzer?

BIEDERMANN Wenn die wirkliche Brandstifter wären, du meinst, die hätten keine Streichhölzer? ... Babettchen, Babettchen!

Die Standuhr schlägt, Stille, das Licht wird rot, und man hört, während es dunkel wird auf der Bühne: Sturmglocken, Gebell von Hunden, Sirenen, Krach von stürzendem Gebälk, Hupen, Prasseln von Feuer, Schreie, bis der Chor vor die Szene tritt.

CHOR

Sinnlos ist viel, und nichts
Sinnloser als diese Geschichte:
Die nämlich, einmal entfacht,
Tötete viele, ach, aber nicht alle
Und änderte gar nichts.
Erste Detonation

CHORFÜHRER

Das war ein Gasometer.
Zweite Detonation

CHOR

Was nämlich jeder voraussieht
Lange genug,
Dennoch geschieht es am End:
Blödsinn,
Der nimmerzulöschende jetzt,
Schicksal genannt.
Dritte Detonation

CHORFÜHRER

Noch ein Gasometer.
Es folgt eine Serie von Detonationen fürchterlicher Art.

CHOR

Weh uns! Weh uns! Weh uns!
Licht im Zuschauerraum

Anhang

Burleske

Eines Morgens kommt ein Mann, ein Unbekannter, und du kannst nicht umhin, du gibst ihm eine Suppe und ein Brot dazu. Denn das Unrecht, das er seiner Erzählung nach erfahren hat, ist unleugbar, und du möchtest nicht, daß es an dir gerächt werde. Und daß es eines Tages gerächt wird, daran gebe es keinen Zweifel, sagt der Mann. Jedenfalls kannst du ihn nicht wegschicken, du gibst ihm Suppe und Brot dazu, wie gesagt, und sogar mehr als das: du gibst ihm recht. Zuerst nur durch dein Schweigen, später mit Nicken, schließlich mit Worten. Du bist einverstanden mit ihm, denn wärest du es nicht, müßtest du sozusagen zugeben, daß du selber Unrecht tust, und dann würdest du ihn vielleicht fürchten. Du willst dich aber nicht fürchten. Du willst auch nicht dein Unrecht ändern, denn das hätte zu viele Folgen. Du willst Ruhe und Frieden, und damit basta! Du willst das Gefühl, ein guter und anständiger Mensch zu sein, und also kommst du nicht umhin, ihm auch ein Bett anzubieten, da er das seine, wie du eben vernommen, durch Unrecht verloren hat. Er will aber kein Bett, sagt er, kein Zimmer, nur ein Dach über dem Kopf; er würde sich, sagt er, auch mit deinem Estrich begnügen. Du lachst. Er liebe die Estriche, sagt er. Ein wenig, noch während du lachst, kommt es dir unheimlich vor, mindestens sonderbar, beunruhigend, man hat in letzter Zeit gar viel von Brandstiftung gelesen; aber du willst Ruhe, wie gesagt, und also bleibt dir nichts anderes übrig, als keinen Verdacht aufkommen zu lassen in deiner Brust. Warum soll er, wenn er will, nicht auf dem Estrich schlafen? Du zeigst ihm den Weg, den Riegel, die Vorrichtung mit der Leiter und auch den Schalter, wo man Licht machen kann. Allein in deiner schönen Wohnung, eine Zigarette rauchend, denkst du mehrere Male genau das gleiche, und es hilft dir nichts, die Zeitung zu lesen, zwischen den Zeilen liest du immer das gleiche: Man muß Vertrauen haben, man soll nicht immer gleich das Schlimmste annehmen, wenn man einen Menschen nicht kennt, und warum soll der gerade ein Brandstifter sein? Immerhin nimmst du dir vor, ihn morgen wieder auf den Weg zu schicken, freundlich, ohne daß ein Verdacht ihn kränken soll. Du nimmst dir nicht vor, kein Unrecht zu tun; das hätte, wie gesagt, zu viele Folgen. Du nimmst dir nur vor, freundlich zu sein und ihn auf freundliche Weise wegzuschicken. Du schläfst nicht immer in dieser Nacht; es ist schwül, und die Geschichten von wirklichen Brandstiftern, die dir so beharrlich einfallen, sind zu läppisch, ein Schlafpulver gibt dir die verdiente Ruhe ... Und am andern Morgen, siehe da, steht das Haus noch immer! – Deine Zuversicht, dein Glaube an den Menschen, selbst wenn er im Estrich wohnt, hat sich bewährt. Es drängt dich nicht wenig, edel zu sein, hilfreich und gut; beispielsweise mit einem Frühstück. Von Angesicht zu Angesicht, so während ihr einen gemeinsamen Kaffee trinkt und jeder sein Ei löffelt, schämst du dich deines Verdachtes, kommst dir schäbig vor, und jedenfalls ist es unmöglich, ihn wegzuschicken. Wozu solltest du! Nach einer Woche, wie er noch immer in deinem Estrich wohnt, hast du vollends das Gefühl, jede Angst überwunden zu haben, und auch als er eines Tages einen Freund bringt, der ebenfalls in deinem Estrich schlafen möchte, kannst du zwar zögern, aber nicht widersprechen. Zögern; denn es ist einer, der schon einmal, Gott weiß warum, im Gefängnis gesessen hat und eben erst entlassen worden ist. Ihn allein hättest du nie in deinen Estrich gelassen, das ist selbstverständlich. Er ist auch viel frecher als der erste, das macht vielleicht das Gefängnis, und ganz geheuer ist es dir nicht, zumal er, wie er ganz offen gesteht, wegen Brandstiftung gesessen hat. Aber gerade diese Offenheit, diese unverblümte, gibt dir das Vertrauen, das du gerne haben möchtest, um Ruhe und Frieden zu haben; am Abend, da du trotz ehrlichem Gähnen nicht schlafen kannst, liest du wieder einmal das Apostelspiel von Max Mell, jene Legende, die uns die Kraft des rechten Glaubens zeigt, ein Stück schöner Poesie; mit einer Befriedigung, die das Schlafpulver fast überflüssig macht, schläfst du ein ... Und am andern Morgen, siehe da, steht das Haus noch immer! – Deine Bekannten greifen sich an den Kopf, können dich nicht verstehen. Fragen jedesmal, was die beiden Gesellen denn in deinem Estrich machen, und liegen dir auf den Nerven, so daß du immer seltener an den Stammtisch gehst; sie wollen dich einfach beunruhigen. Und ein wenig, unter uns gesagt, ist es ihnen auch gelungen; jedenfalls hast du den beiden Gesellen etwas aufgelauert und nicht ohne Erfolg; allein die Tatsache, daß sie kleine Fäßlein auf deinen Estrich tragen, kann deinen Menschenglauben nicht erschüttern, zumal sie es in aller Offenheit machen und auf deine eher scherzhafte Frage, was sie denn mit diesen Fäßlein wollten, sagen sie ganz natürlich, sie hätten Durst. In der Tat, es ist Sommer, und im Estrich, sagst du dir, muß es sehr heiß sein. Einmal, als du ihnen im Wege gestanden, ist ihnen ein Fäßlein von der Leiter gefallen, und es stank plötzlich nach Benzin. Einen Atemzug lang, gib es zu, warst du erschrocken. Ob das Benzin sei? hast du gefragt. Die beiden, ohne ihre Arbeit einzustellen, leugneten es auch in keiner Weise, und auf deine eher scherzhafte Frage, ob sie Benzin trinken, antworteten sie mit einer so unglaublichen Geschichte, daß du, um nicht als Esel dazustehen, wirklich nur lachen konntest. Später jedoch, allein in deiner Wohnung, lauschend auf das Rollen der munteren Fäßlein, die nach Benzin stinken, weißt du allen Ernstes nicht mehr, was du denken sollst. Ob sie deine edle Zuversicht wirklich mißbrauchen? Eine Weile, dein Feuerzeug in der Hand, die feuerlose Zigarette zwischen den trockenen Lippen, bist du entschlossen, die beiden Gesellen hinauszuwerfen, einfach hinauszuwerfen. Und zwar noch heute! Oder spätestens morgen. Wenn sie nicht von selber gehen. Ganz einfach ist es nämlich nicht, im Gegenteil; wenn sie keine Brandstifter sind, tust du ihnen sehr unrecht, und das Unrecht macht sie zu bösen Menschen. Böse gegen dich. Das willst du nicht. Das auf keinen Fall. Alles, nur kein schlechtes Gewissen. Und dann ist es immer so schwierig, die Zukunft vorauszusehen, wer keine Tatsachen sehen kann, ohne Schlüsse zu ziehen, und wer sich alles bewußt macht, was er im Grunde weiß, mag sein, daß er manches voraussieht, aber er wird keinen Augenblick der Ruhe haben; ganz zu schweigen von den Ahnungen. Die Tatsache, daß sie Benzin in deinen Estrich tragen, was heißt das schon? Der eine, der Freund, hat nur gelacht und gesagt, sie wollen die ganze Stadt anzünden. Das kann ein Scherz sein oder eine Aufschneiderei. Wenn sie es ernst meinten, würden sie es niemals sagen. Dieser Gedanke, je öfter du ihn wiederholst, überzeugt dich vollkommen; das heißt: er beruhigt dich. Und der andere sagte sogar: Wir warten nur auf den günstigen Wind! Es ist läppisch, sich von solchen Reden einschüchtern zu lassen; zu unwürdig. Einen Augenblick denkst du an Polizei. Aber wie du, um dich nicht durch falschen Alarm lächerlich zu machen, dein Ohr an die Zimmerdecke legst, was keine ganz einfache Veranstaltung gekostet hat, ist es vollkommen still. Du hörst sogar, wie einer schnarcht. Und überhaupt kommt die Polizei nicht in Frage; schon weil du selber strafbar wärest, daß du solche Leute in deinem Hause hast, wochenlang, ohne sie anzumelden. Aber vor allem sind es natürlich die menschlichen Gründe die dich von solchen Schritten abhalten. Warum sagst du den beiden Gesellen nicht einfach und offen, du möchtest kein Benzin in deinem Estrich haben? Offenheit ist immer das beste. Und dann, plötzlich, mußt du selber lachen, daß dir dieser Einfall jetzt erst kommt: Sie werden doch dein Haus nicht anzünden, wenn sie selber im Estrich sind! Immerhin kletterst du, schon im Pyjama, noch einmal auf den Sessel, auf die Kommode und den Schrank. Er schnarcht wirklich. Eine halbe Stunde später ruhest auch du ... Und am andern Morgen, siehe da, steht dein Haus noch immer! – Die Sonne scheint, der Wind hat gedreht, die Wolken ziehen über die Dächer der Stadt, und gesetzt den Fall, es wären wirklich böse Gesellen, gerade dann ist es nicht einfach, sie einfach hinauszuwerfen; nicht ratsam; denn solange du ihr Freund bist, werden sie wenigstens dich verschonen. Freundschaft ist immer das beste! Und wenn du an diesem Morgen hinaufgehst und sie zum Frühstück bitten willst, so ist das nicht Tücke, nicht Berechnung, sondern eines jener herzlichen Bedürfnisse, die man plötzlich hat und die man, wie du mit Recht sagst, nicht immer unterdrücken soll. Die Leiter zum Estrich ist bereits gezogen, die Türe offen, du mußt nicht einmal klopfen. Der Estrich, den du aus Rücksicht schon lange nicht mehr besucht hast, ist voll von den kleinen Fäßlein, und der eine, der Freund, der aus dem Gefängnis, steht eben an der Dachluke, hält den nassen Finger hinaus, um die Windrichtung festzustellen; der andere ist leider schon ausgegangen, komme aber wieder. Mit deinem Frühstück ist es also nichts. Er komme aber bestimmt im Laufe des Tages, sobald er, wie der Freund in seiner immer etwas scherzhaften Art sagt, die erforderliche Holzwolle beisammen habe. Holzwolle? Es fehlte nur noch, daß er von einer Zündschnur redete. Einen Augenblick bist du wieder etwas verwirrt, etwas betreten, was du allerdings nicht zeigen willst. Im Grunde, das weißt du, kann kein Mensch so frech sein, wie dieser sich den Anschein gibt, nur weil er meint, du fürchtest ihn. Ein für allemal entschlossen, dich nicht zu fürchten, entschlossen, deine Ruhe und deinen Frieden zu erhalten, tust du, als hättest du nichts gehört, und im übrigen, was das Frühstück betrifft, kann das ja auch ein andermal sein. Deine freundschaftliche Geste ist schon als solche nicht wertlos. Vielleicht zum Abendbrot? Mit Vergnügen, sagt der Kauz, sofern sie Zeit hätten und nicht arbeiten müßten; das hänge vom Wind ab. Er ist wirklich ein Kauz. Und natürlich bist du nun nicht wenig neugierig, ob sie tatsächlich zum Abendessen kommen, ob sie deine Freundschaft überhaupt wollen. Vielleicht hättest du deine Freundschaft schon früher bekunden sollen. Aber lieber jetzt, sagst du, als zu spät! Mit Recht vermeidest du ein allzu besonderes, ein auffälliges Abendessen; immerhin holst du einen Wein aus dem Keller, um ihn für alle Fälle kühlzustellen. Leider kann man am Abend, als sie gegen neun Uhr endlich kommen, nicht mehr auf der Terrasse sitzen; es ist zu windig. Ob er Holzwolle gefunden habe? fragst du, um dem Gespräch bald eine persönliche Note zu geben. Holzwolle? sagt er und schaut den Freund an, wie man einen Verräter anschaut. Dann, Gott weiß warum, mußt du selber lachen, und schließlich lachen sie auch. Holzwolle, nein, Holzwolle habe er nicht gefunden, aber etwas anderes, Putzfäden aus einer Garage. Gefunden; daß das nichts anderes heißt als gestohlen, daran kannst du nicht zweifeln. Überhaupt haben sie sehr eigene Ansichten betreffend Recht und Unrecht. Nach der ersten Flasche, du hast den Wein nicht umsonst gekühlt, erzählst du, daß auch du schon Unrecht begangen hast. Da sie schweigen, erzählst du mehr und mehr, indem du, ihre Freundschaft ist es dir wert, die zweite Flasche entkorkst. Offensichtlich fühlen sie sich wie zu Hause; der Freund, der Frechere, dreht deinen Rundfunk an, um den Wetterbericht zu hören. Dann wünschen sie nur noch eines: Streichhölzer. Nichts wäre verfehlter, als wenn du jetzt wieder zusammenzucktest: auf Verdacht ist keine Freundschaft aufzubauen. Wozu Streichhölzer? Es gelingt dir, jedes beleidigende Zittern zu vermeiden und Zigaretten anzubieten, als ginge dir nichts durch den Kopf, und dann, das ist kein schlechter Einfall, bietest du Feuer mit deinem eignen Feuerzeug, das du nachher wieder in die Tasche steckst. Das Gespräch geht weiter, das heißt, sie hören zu, sehen dich an und trinken Wein. Dein ehrliches Geständnis, wieviel Unrecht du begangen hast, rührt sie nicht mehr, als es die Höflichkeit verlangt; überhaupt wirken sie sehr geistesabwesend. Eine dritte Flasche, die du schon zwischen den Knien hast, lehnen sie ab. Da du sie trotzdem öffnest, wirst du sie allein trinken müssen. Nur beim Abschied, als du gewisse Hoffnungen ausdrückst, daß die Menschen einander näherkommen und einander helfen, bitten sie dich nochmals um Streichhölzer. Ohne Zigaretten. Du sagst dir mit Recht, daß ein Brandstifter, ein wirklicher, besser ausgerüstet wäre, und gibst auch das, ein Heftlein mit gelben Streichhölzern, und am andern Morgen, siehe da, bist du verkohlt und kannst dich nicht einmal über deine Geschichte verwundern . . .

Kommentar

Zeittafel

1911 Geburt am 15. Mai in Zürich. Mutter: Karolina Bettina Frisch, geb. Wildermuth. Vater: Franz Bruno Frisch, Architekt. Geschwister: Emma Elisabeth aus der ersten Ehe des Vaters, Franz (1903–1978).
1924 Eintritt ins Kantonale Realgymnasium.
1930 Germanistikstudium an der Universität Zürich.
1931–34 Journalistische Arbeiten.
1932 Tod des Vaters.
1933 Als Sportreporter in Prag bei der Eishockeyweltmeisterschaft. Reisen in Osteuropa.
1934 Erste Buchveröffentlichung: *Jürg Reinhart. Eine sommerliche Schicksalsfahrt.*
1935 Erste Reise nach Deutschland; Konfrontation mit der nationalsozialistischen Rassenideologie.
1936 Beginn des Architekturstudiums an der Eidgenössischen Technischen Hochschule Zürich; sein Jugendfreund Werner Coninx gewährt ihm dafür ein Darlehen.
1937 Die Erzählung *Antwort aus der Stille* erscheint.
1939–1945 Aktiver Dienst in der Schweizer Armee als Kanonier; insgesamt 650 Diensttage.
1940 *Blätter aus dem Brotsack*. Diplom als Architekt.
1941 Anstellung als Architekt.
1942 Ehe mit Gertrud (Trudy) Constanze von Meyenburg. Gründung eines eigenen Architekturbüros; er gewinnt den ersten Preis im Architekturwettbewerb um das städtische Freibad am Letzigraben.
1943 Geburt der Tocher Ursula. *J'adore ce qui me brûle oder Die Schwierigen.*
1944 Geburt des Sohnes Hans Peter. Frisch beginnt, Dramen zu schreiben.
1945 *Nun singen sie wieder* wird als erstes Stück von Frisch am Zürcher Schauspielhaus uraufgeführt. *Bin oder Die Reise nach Peking.*
1946 Reisen, u. a. nach Deutschland. *Santa Cruz* und *Die Chinesische Mauer* werden uraufgeführt.

1947 Reisen, u. a. nach Deutschland. Bekanntschaft mit Bertolt Brecht (1898–1956), Friedrich Dürrenmatt (1921–1990) und Peter Suhrkamp (1891–1959). Bau des Schwimmbads am Letzigraben bis 1949. *Tagebuch mit Marion.*

1948 Reisen nach Berlin, Prag und Warschau. Teilnahme am »Congrès mondial des intellectuels pour la paix« im polnischen Wrozław; weitere Teilnehmer sind u. a. Le Corbusier, Picasso und Karl Barth.

1949 *Als der Krieg zu Ende war* am Zürcher Schauspielhaus uraufgeführt. Geburt der Tochter Charlotte.

1950 *Tagebuch 1946–1949* erscheint im neugegründeten Suhrkamp Verlag.

1951 *Graf Öderland* am Zürcher Schauspielhaus uraufgeführt. Einjähriger Aufenthalt als Stipendiat der Rockefeller-Stiftung in den USA (New York, Chikago, San Francisco, Los Angeles).

1953 *Don Juan oder Die Liebe zur Geometrie* gleichzeitig in Zürich und Berlin uraufgeführt. Rundfunkfassung von *Herr Biedermann und die Brandstifter* im Bayerischen Rundfunk gesendet.

1954 *Stiller*. Trennung von der Familie.

1955 Verkauf des Architekturbüros.

1957 *Homo faber*. Reise nach Griechenland und in die arabischen Staaten.

1958 *Biedermann und die Brandstifter* am Zürcher Schauspielhaus uraufgeführt. Georg-Büchner-Preis. Eröffnung der Frankfurter Buchmesse mit der Rede *Öffentlichkeit als Partner*. Bekanntschaft mit Ingeborg Bachmann (1926–1973).

1959 Scheidung von Constanze Frisch-von Meyenburg.

1960 Frisch zieht nach Rom, lebt dort bis 1962 zusammen mit Ingeborg Bachmann.

1961 *Andorra* am Zürcher Schauspielhaus uraufgeführt.

1962 Er lernt Marianne Oellers (* 1939) kennen, mit der er in den folgenden Jahren zusammenlebt.

1964 *Mein Name sei Gantenbein.*

1965 Er kehrt von Rom in die Schweiz, nach Berzona, zurück.

1966 Erste Reise in die UdSSR. Tod der Mutter.
1968 *Biografie: Ein Spiel* uraufgeführt. Heirat mit Marianne Oellers. Zweite Reise in die UdSSR.
1969 Reise nach Japan.
1971 *Wilhelm Tell für die Schule*. USA-Aufenthalt.
1972 *Tagebuch 1966–1971*. Wohnung in Berlin.
1974 *Dienstbüchlein*. USA-Aufenthalt. Beziehung zu Alice Locke-Carey (*1943).
1975 *Montauk*.
1976 Friedenspreis des Deutschen Buchhandels. Reise nach China. *Gesammelte Werke in zeitlicher Folge*.
1978 *Triptychon. Drei szenische Bilder*.
1979 *Der Mensch erscheint im Holozän*. Scheidung von Marianne Oellers.
1981 Wohnsitz in New York und Berzona.
1982 *Blaubart. Eine Erzählung*.
1983 *Forderungen des Tages. Portraits, Skizzen, Reden 1943–1982*.
1984 Wohnung in Zürich.
1987 Reise nach Moskau.
1989 *Schweiz ohne Armee? Ein Palaver*.
1990 *Schweiz als Heimat? Versuche über 50 Jahre*.
1991 Am 4. April stirbt Max Frisch in seiner Wohnung in Zürich.

Tragikomödie ohne Tragik
Zur Rekonstruktion des thematischen Hintergrunds von Max Frischs »Biedermann und die Brandstifter«

I.

Im zeitlichen Umkreis jener »Burleske«, die Max Frisch unter dem Eindruck der Ereignisse in der Tschechoslowakei Frühjahr 1948 in seinem Tagebuch niederschreibt und die als Keimtext seines zehn Jahre später aufgeführten, weltberühmten Bühnenstücks *Biedermann und die Brandstifter* gilt, finden sich moralische Reflexionen von elementarem Ernst. Zentral ist eine Szene, in der sich Frisch während einer einsamen Wanderung in die Situation eines Delinquenten versetzt. Dieser, vor dem Erschießungskommando stehend, erhält die Möglichkeit, sein Leben zu retten, indem er »abschwört«, von »Folterkellern« zu wissen; er hat nur zehn Minuten Zeit, zu einer Entscheidung zu finden. Der Ort, eine abgelegene, »verlassene« Kiesgrube, wird zur Bühne eines imaginären Geschehens, das sich nur kurze Zeit zuvor in aller Wirklichkeit und massenhaft in Europa vollzogen hatte:

»›Gewehre bei Fuß!‹

Nach diesem Kommando, das mit mechanischem Schneid und wie durch einen einzigen Hebelgriff ausgeführt worden ist, so daß man von den fünf Kolben nur einen einzigen Aufschlag hört, ist der Sergeant zur Seite getreten – nicht ohne zuvor auf seine Uhr zu blicken –, jetzt pißt er an einen Stein; sonst höre ich nichts; die fünf Gewehre bei Fuß, Sonne wie jetzt, Schmetterlinge, Stille einer verlassenen Kiesgrube ...

Was tun?« (Max Frisch: *Tagebuch 1946–1949*, Frankfurt/M. 1985, S. 222)

Frisch unterzieht sich einer Selbstprüfung, die bei französischen Intellektuellen und Mitgliedern der Résistance während und nach den Krieg fast zur Obsession geworden war: ›Hätte ich mich und würde ich mich‹, so die von Jean-Paul Sartre (1905–1980) zum philosophischen Kernproblem beförderte Frage, ›durch Folter und Todesdrohung zum Verrat an der eigenen Überzeugung und den Gesinnungsgenossen zwingen lassen?‹

J.-P. Sartre

Die Erfahrung der Folter während der Okkupationszeit hatte die Selbstverständlichkeit, mit der man sich im Frieden und innerhalb einer humanen Prinzipien verpflichteten Gesellschaft auf »Mut«, »Treue« und »Standfestigkeit« berufen konnte, zerstört. Nach 150 Jahren »Aufklärung« und mitten im abendländischen Europa wurden Schmerz und Tod wieder zu Mitteln der Politik. Diejenigen, die unter der Folter Verrat begangen hatten, brauchten in der überwiegenden Zahl der Fälle keinen Richter, denn sie richteten sich durch eigene Anklage selbst zu Grunde. Aber auch für die Davongekommenen und Unbetroffenen verlor die Instanz des »Gewissens« ihre Beliebigkeit und die moralische Unverbindlichkeit. Moralische Haltung und politische Überzeugung musste seitdem jeder, dem es ernst damit war, in ihren extremen Konsequenzen überdenken. Denn durch die Erfahrung mit dem nationalsozialistischen Terror konnte auch für die Zukunft niemand mehr sicher sein, dass eine zivile Gesellschaft ihn in jedem Fall vor der brutalsten aller denkbaren Proben auf die eigene Stärke und persönliche Integrität bewahren würde. Nicht zuletzt in dieser archaischen Zumutung, der Kernerfahrung der Résistance, hat der so genannte »Existenzialismus«, der schon in den Fünfzigerjahren zu einer modischen Denkrichtung mutierte, eine seiner Wurzeln.

Existenzialismus

Mit Frischs Imagination der eigenen, nur durch Verrat abzuwendenden Exekution ist also ein zeittypischer Reflex moralisch-politischer Selbsterforschung überliefert. Konsequent wägt der Schweizer Schriftsteller die Chancen einer »sittlichen« Haltung in Zeiten des Terrors und der hemmungslosen Machtausübung ab. Der Begriff der »Sittlichkeit« muss in solchem Zusammenhang antiquiert, ja fast lächerlich wirken. Dennoch steht er hier an der richtigen Stelle.

Sittlichkeit

Die »Sittlichkeit« als ethisches Integral aller bürgerlichen Primär- und Sekundärtugenden hatte in ihrem »Stammland« Deutschland den nationalsozialistischen Terror nicht verhindert, obwohl sie doch einst in den Dramen der Klassiker ihre Bedeutung gerade aus dem Widerstand gegen Despotie und Tyrannei gewonnen hatte. Bastion dieses Widerstands war jenes ominöse, halb seelische, halb körperliche Gestade der »Innerlichkeit« gewesen, das im Verlauf der deutschen Geschichte immer mehr zum bloßen Rückzugsort von gesellschaftlichem Handeln und »schnöder« Politik wurde. Thomas Mann (1875–1955) konnte schließlich mit Blick auf den Wilhelminismus von der »machtgestützten Innerlichkeit« sprechen, die den Bezirk des »Schönen, Guten, Wahren« mittels einer »schimmernden Wehr« von der politischen Praxis abkapselte.

Das Zusammenspiel von Innerlichkeit und Macht, Gut und Böse wird denn auch von Frisch durchschaut und sein historischer Stand nach 1945 illusionslos kommentiert: »Die Unmöglichkeit, sittlich zu sein und zu leben – oder man lässt eben beides im Halben ... Die Sittlichkeit, wie sie uns gelehrt wird, schließt immer schon die weltliche Niederlage in sich; wir retten die Welt nicht vor dem Teufel, sondern wir überlassen ihm die Welt, damit wir nicht selbst des Teufels werden. Wir räumen einfach das Feld: um sittlich zu sein« (ebd.). Weswegen es der Teufel, wie Frisch weiter schreibt, nachdrücklich begrüße, wenn möglichst viele »Gute« die Welt bevölkerten, stelle dies doch eine sichere Garantie dar, dass das Böse sich ungehindert ausbreiten könne. Die populäre Schlussfolgerung, dass das Gute sich aus eben diesem Grund »engagieren« müsse, kommt für Frisch nicht in Frage. Er erkennt, dass das engagierte Gute angesichts des Terrors selbst zwangsläufig zum Terror gelangen muss: »Die Unmöglichkeit, sittlich zu sein und zu leben – ihre Zuspitzung in Zeiten des Terrors. Womit arbeitet jeder Terror? Mit unserem Lebenswillen und also mit unserer Todesangst, ja, aber ebenso mit unserem sittlichen Gewissen. Je stärker unser Gewissen ist, um so gewisser ist unser Untergang. Je größer eine Treue, um so gewisser die Folter. Und das Ergebnis jedes Terrors: die Schurken gehen ihm durch die Maschen. Denn der Terror, scheint es, eignet sich besonders zur Vernichtung sittlicher Menschen. Er ist auf eine gewisse Sittlichkeit berechnet; sein früheres oder späteres, aber unweigerliches Versagen hängt vielleicht damit zusammen, daß er die Sittlichkeit verbraucht, bis er niemanden mehr daran fassen kann. Und vor allem entwertet er auch das Leben, die Lust am Leben, bis es keinen übermenschlichen Mut mehr braucht, ein entwertetes Leben einzusetzen gegen ihn – nicht als Opfer in der Kiesgrube, wo es zu spät ist, nicht als sittlicher Märtyrer, sondern als unsittlicher Täter, bevor es zu spät ist: als Attentäter« (ebd., S. 224).

Frisch kommt in seinen Tagebuchreflexionen zu der paradoxen Einsicht, dass »Sittlichkeit« in Zeiten des Terrors sich selbst zerstören müsse, um wirksam zu werden. Erst ihr vollkommenes Verschwinden entziehe schließlich auch dem Terror den Boden. Man kann darin letzte Volten subjektphilosophischer Reflexion sehen, wie sie im Nachhinein der historischen Erfahrung totalitärer Gewalt auftauchen; man kann darin den Ansatz zu einer »absurden« Deutung politischen Handelns erkennen oder die Bankerotterklärung aller bürgerlichen Werte. Nahe liegender aber und in Bezug auf den Untertitel des *Biedermann* »Lehrstück ohne Lehre« von Interesse ist die Verbindung zu Bertolt Brecht (1898–1956). Denn das Ergebnis von Frischs Überlegung, dass »menschliche« Werte im Kampf gegen die Gewalt nicht helfen, sondern nur zu deren Erhalt beitragen und deshalb im Kampf »geopfert« werden müssen, ist bereits 1931 in Brechts Lehrstück *Die Maßnahme* Doktrin.

B. Brecht

Der junge Genosse, der im Interesse des revolutionären Kampfes getötet wird, hat, anstatt sich diszipliniert zu verhalten, in einer Situation »Mitleid« gezeigt, ein anderes Mal der »Gerechtigkeit« und der »Ehre« halber unklug gehandelt, schließlich gar zum falschen Zeitpunkt und aus der Emotion heraus einen Aufstand angezettelt, wobei er sich und damit seine Mitkämpfer enttarnt und der Verfolgung ausgesetzt hat. Mit anderen Worten: Der junge Genosse handelt nach Motiven aus dem Umkreis der »Sittlichkeit«, indem er sich von Gefühlen und Idealen leiten lässt. Das Lehrstück will dementsprechend verstehen lassen, dass die Tötung des jungen Genossen eine revolutionäre Notwendigkeit darstelle. Beglaubigt wird sie durch die Zustimmung des »Kontrollchors« zu der »Maßnahme« der kommunistischen Agitatoren, welche die Exekution durchführten, und durch die Einwilligung des jungen Genossen in seinen eigenen Tod.

Was Brechts Lehrstück von Frischs Tagebuch-Überlegungen trennt, ist nichts weniger als die Drohung der Folter und ihrer Folgen für den in den politisch-ideologischen Kampf Verstrickten. Nach 1945 war die Folter, mochte sie davor als barbarische Ausnahme abgetan werden können, zur aktuellen Tatsache geworden. Die Christenverfolgung und die Inquisition, als deren Domäne die Folter bis dahin hatte gelten können, waren zu vergleichsweise harmlosen historischen Episoden geworden angesichts des faschistischen, wenig später auch des kommunistischen Terrorregimes. Das Einstehen für die »gute Sache« bis zum eigenen Tod setzte letzte »Sicherheiten« voraus, mochten sie auch in der martyrologischen Stilisierung der Selbstvernichtung als »Opfertod«, also in säkularisierten religiösen Konzepten bestehen. Die neue Qualität der Folter aber ließ jede Berufung auf übergeordnete Ideale zum Zynismus verkommen.

Theresienstadt

Als Frisch im Frühjahr 1948 den kommunistischen »Umsturz in der Tschechoslowakei« in seinem Tagebuch festhält – ein Eintrag, auf den unmittelbar die so genannte »Burleske« folgt –, notiert er auch eine Erinnerung an das Konzentrationslager Theresienstadt, das er genau ein Jahr zuvor besucht hatte. In einer »winzigen Zelle« bemerkt er »ein tadelloses Klosett, neuerdings eingebaut« (*Tagebuch*, a.a.O., S. 213). Auf seine Frage, zu welchem Zweck der Einbau vorgenommen worden sei, hat der Fremdenführer keine Antwort und zeigt stattdessen den unmittelbar angrenzenden Hof, auf dem Erschießungen stattfanden. Die Nachricht vom Umsturz im unweit Theresienstadts gelegenen Prag beschwört ein Schreckensbild herauf, an dem sich – erst jetzt bewusst werdend – der Gedanke festgemacht hatte, die Zelle sei zur Wiederverwendung hergerichtet worden. Der Anblick der Zelle – auch die »Folterkammer« Theresienstadts besichtigt Frisch (ebd., S. 127) – gräbt sich dem Schriftsteller ein als Bezirk einer existenziellen Einsamkeit, die durch nichts antizipiert werden konnte und vor deren Wirkungen die eigene »Moral« stets in Frage stand. Die Erschütterung, die Frisch erfährt, wird nicht ausdrücklich geschildert, sie tritt erst zu Tage in der Vision einer ihm drohenden Erschießung und den Reflexionen zur Absurdität »sittlichen« Verhaltens unter der Herrschaft der Gewalt.

II.

Frisch hat die Bearbeitung der »Burleske« sowohl für den Rundfunk als auch für die Bühne nicht aus eigenem Antrieb vorgenommen. Er musste erst auf den in seinem Tagebuch fixierten Text gestoßen werden, um sich mit ihm und der darin behandelten Problematik auseinanderzusetzen. Dass der Arbeitsprozess unter einer dezidierten Nutzungsperspektive stand, hat Frisch ebenfalls immer wieder betont. Man ist geneigt, dies als Nüchternheit oder Beweis zu nehmen, dass der Autor den Zusammenhang von literarischer Produktion, Öffentlichkeit und materiellen Interessen nicht aus dem Blick geraten lassen wollte; sein Kommentar ist aber auch ein Signal für die massive Fremdbestimmtheit der Entstehungsgeschichte des *Biedermann*, in deren Verlauf die eigentliche Problematik der »Burleske« auf der Strecke blieb. Der überwältigende Erfolg des Stückes hat die initiale Verstörung, die sich Frisch in seinem Tagebuch vom Leib schrieb, weit in den Hintergrund treten lassen. Gleichwohl finden sich in der Kritik des Schauspiels und den daran anknüpfenden Diskussionen noch manche Reflexe der unausgetragenen, tiefen Irritation des Autors.

Gastfreundschaft

Die Problematik, um die es in statu nascendi des *Biedermann* geht, betrifft die uralte kulturelle Einrichtung der Gastfreundschaft und die aus ihr folgenden Gebote der Unantastbarkeit des fremden Anderen sowie die entsprechenden Formen der »Höflichkeit«. In der Antike stellte das Institut der Gastfreundschaft keine Bezeugung gesteigerter Menschenfreundlichkeit und »Weltoffenheit« dar, sondern diente nicht zuletzt als politisches Regulativ innerhalb von Territorien, deren Machtverhältnisse ständig wechselten oder unübersichtlich waren. Die eminente politische und kulturelle Bedeutung der Gastfreundschaft bestand darin, dass sie die schnell in Kampf und Zerstörung endende Logik der »gefährlichen Begegnung« einander Fremder unterbrach und eine Suspension der Gewalt ermöglichte. Die Gastfreundschaft sicherte sozusagen räumliche Enklaven der Koexistenz innerhalb von Territorien, die vom Gesetz der Konfrontation beherrscht wurden; den »heimischen Herd« umgab eine ähnliche Zone des Banns von Gewalt und Verbrechen wie die Tempelbezirke. Der Bruch des Gastrechts hatte denn auch die Schwere eines Sakrilegs. Daraus lässt sich ermessen, wie sehr die Gebote der Gastfreundschaft an der Herausbildung der Personenrechte, gar eines Rechtsguts wie der »Unantastbarkeit« der Person beteiligt waren.

Berücksichtigt man diesen Hintergrund, wächst der Geschichte eines Mannes, der zwielichtigen Gestalten in seinem Haus Unterschlupf gewährt, eine sehr viel bedeutendere Dimension zu, als das gewitzte, von Eigentumssicherung und Besitzstandsdenken geprägte Bewusstsein sich träumen lässt. Das Problem der Gastfreundschaft, wie Max Frisch es in der »Burleske« angeht, ist zu einem früheren Zeitpunkt bereits von Robert Musil (1880–1942) aufgenommen worden. In sehr frühen Entwürfen zum *Mann ohne Eigenschaften* hat Musil unter der Überschrift *Die Utopie der Höflichkeit* die Gebote der Gastfreundschaft bis in ihre letzte Konsequenzen durchdacht. Die Freizügigkeit des Gastgebers, so spekuliert er dabei, müßte letztlich so weit gehen, dem Fremden sogar die eigene Frau »zur Verfügung« zu stellen. Der französische Schriftsteller Pierre Klossowski (1905–2001) hat in seinem Roman *Die Gesetze der Gastfreundschaft* diesen Gedanken dann episch entfaltet.

Die Utopie der Höflichkeit markiert einen Grenzwert der friedfertigen Reserve dem Fremden gegenüber, der das allgemeine Problem hinter dem zögerlichen Verhalten des Gastgebers in Angst Frischs »Burleske« besser erkennen lässt. Sicher ist Angst ein Hauptmotiv seines Verhaltens, aber die Ursache dieser Angst ist ganz offensichtlich nicht der mögliche Verlust von Besitz und Leben, sondern fast magisch diffus: Der Unbekannte, der Einlass begehrt, erzählt von einem ihm widerfahrenen schweren »Unrecht«, das eines Tages »gerächt« würde. Diese Drohung ist von mythischer Wucht. Denn es dreht sich gar nicht um eine erkennbar subjektive Schuld, sondern um das allgemeine Unrecht in der Welt, dessen Vermehrung zu hindern ein jeder zu jeder Zeit aufgerufen ist, damit dieses Unrecht – wie es in biblisch gravitätischer Formulierung heißt – nicht »an dir gerächt wird«. Dass es zwingend zur Abgeltung des in der Welt befindlichen Unrechts kommen muss, darüber besteht zwischen dem, der das Gastrecht reklamiert, und dem, der darüber verfügt, von Anfang ein eigenartiges Einverständnis. In Frischs früher »Burleske« sind also ganz andere Beweggründe im Spiel, als die Ängstlichkeit, Dummheit und Handlungsunfähigkeit der Hauptfigur im späteren Bühnenstücks noch erkennen lassen.

Es ist dieser Hintergrund zu vergegenwärtigen, wenn man die »Burleske« liest. Der Titel weist ins Komische und scheint damit dem später aus diesem Text hervorgehenden Schauspiel angemessen. Inhaltlich reagiert er auf die politischen Vorgänge in der Tschechoslowakei im Februar 1948. Er ist Reflex auf die haarsträubende politische Einfältigkeit, mit der sich die bürgerlichen Parteien unter das kommunistische Regime zwingen ließen. Frisch selbst steht dieser Einfalt keineswegs nur kritisch gegenüber; er gibt indirekt zu, sie zum Befremden seiner Freunde selbst geteilt zu haben – jener Freunde, welche ihm nach dem Umsturz und der Bestätigung ihrer Vorhersagen mit besserwisserischer »Schadenfreude« begegnen. Dies und ihre damit verbundene Sicherheit, ein vergleichbarer Vorgang sei in der Schweiz unmöglich, ergeben das Motiv für die literarische Vergegenwärtigung einer schrittweisen Selbstvernichtung, herbeigeführt durch eine Haltung, die gemischt ist aus Gutgläubigkeit, Höflichkeit und Angst. Es gibt bereits Signale des Grotesken in der »Burleske«, welche das spätere Schauspiel dann verselbstständigt; gleichwohl ist der Text durchgängig von auktorialer Empathie getragen, die an keiner Stelle dem Leser jene selbstgewisse Distanz gewährt, wie sie später dem Zuschauer beim *Biedermann* zufällt. Das selbstreflexive »Du«, mit dem sich der Autor zur Nähe gegenüber der geschilderten Seelenlage zwingt, »duzt« gleichzeitig den Leser, der dadurch zum Mitvollzug angehalten wird. Biedermanns immer borniertere Verdrängungshaltung ist hier noch nachvollziehbar als fast schwellenloser Übergang eines wenn auch angstmotivierten, so durchaus »sittlich« zu nennenden Verhaltens, das sich von relativer Arglosigkeit zu einer nur noch von leerer Hoffnung getriebenen Beschwörungshaltung entwickelt.

Selbstvernichtung

III.

Im *Biedermann* ist von der in der »Burleske« angedeuteten »utopischen Höflichkeit« und ihrem zwangsläufigen Scheitern nichts mehr zu bemerken. Das Problem, das verhandelt werden sollte, ist das der »Sittlichkeit«, die angesichts des Terrors nicht nur sinnlos geworden ist, sondern diesem sogar noch zuarbeitet, die aber andererseits nicht preisgegeben werden kann, weil ansonsten die Barbarei triumphiert. Eine Gratifikation, die Brechts *Maßnahme* sogar noch dem zum Tode Verurteilten zukommen lassen konnte, welcher die höhere Notwendigkeit seiner Exekution begreifen darf, gibt es für Frisch nicht mehr. Aus seinem Tagebuch geht hervor, wie sehr er die *Person* Brechts bewunderte, keine Zeile findet sich zu dessen »Lehren«. »Brecht« – in diesem Namen verdichtete sich für Frisch die Glaubwürdigkeit einer ganz auf den gedanklichen Entwurf gestellten Existenz, die sich aber auch systematisch jene passive Sensibilität versagte, die Frisch selbst nicht aufhörte zu kultivieren und der sich in seinem Tagebuch viele eindrucksvolle Szenen verdanken. Es ist – mit anderen Worten – die *Intensität* einer Haltung, der die Bewunderung Frischs gilt. *Intensität* wird denn auch, zumindest, was den Autor des Tagebuchs zwischen 1946 und 1949 angeht, zum Kriterium des eigenen Handelns und Schreibens.

Tagebuch 1946–1949

Das *Tagebuch 1946–1949* – darüber sind sich die Exegeten des Werks von Frisch einig – wurde dem Autor zur Fundgrube für die Arbeit der folgenden Jahrzehnte. Hier fand er die thematischen und stofflichen Vorgaben für seine wichtigsten Theaterstücke. Der Vorgang der Entfaltung und vor allem Dramatisierung der Tagebuchtexte scheint durch die überwältigenden Erfolge der späteren Arbeiten per se gerechtfertigt und ein sozusagen »organischer« Prozess. Festzuhalten ist jedoch, dass Tagebuch und späteres Werk nicht nur auf die gattungsspezifischen Momente bezogen einander entgegengesetzt sind, sondern dass sie auch *grundverschiedene Haltungen* repräsentieren. Um es pointiert zu formulieren: Der »lyrischen« Sensibilität und dem existenziellen Ernst des Tagebuchs setzen sich das Didaktische, Parabolische und Dramatische des späteren Werks entgegen. Wenn Frisch dem *Biedermann* den Untertitel »Lehrstück ohne Lehre« hinzufügte, benannte er damit das Bewusstsein genau dieser Spannung und nicht eine besonders subtile Variante brechtianischer Theater-Exerzitien. »Brecht ohne Kommunismus!« charakterisierte denn auch ein Kritiker seinen Eindruck von der Aufführung des *Biedermann* und meinte damit, dass ihm die Geste wohl bekannt, worauf sie aber deutete, völlig unklar war.

Frischs Stück *Biedermann und die Brandstifter* wird man denn auch nur gerecht, wenn man es mit der »Burleske« des Tagebuchs in Verbindung setzt. Diese unternimmt einen moralisch-psychologischen Selbstversuch, welcher in einem Fiasko endet, das der auktoriale Proband nicht etwa überlegen geplant und inszeniert hat, sondern das ihm zustößt und von dem er sich trotz allem in seiner Haltung nicht widerlegt findet – gleichwohl er die Katastrophe eingestehen muss. Es gibt für diese Art moralischen Agierens und Scheiterns einen Gewährsmann, der auf den ersten Blick mit Max Frischs Intentionen nichts zu tun hat: In Thomas Bernhards (1931–1989) Werk taucht leitmotivisch die Frage *Ist es eine Komödie, ist es eine Tragödie?* auf, und bisweilen wird diese nur scheinbar schlichte Alternative noch differenziert ›zu etwas weniger Tragödie‹ oder ›etwas mehr Komödie‹. Dies heißt: Es bleibt stets dem Zufall überlassen, ob das »lyrisch« verfasste Innenleben von Außen gesehen als Komödie belacht oder als Tragödie betrauert wird. Denn der tragikomischen Abstufungen sind so viele, als es Menschen gibt.

E. Pfeiffer-Belli

Nach der Uraufführung des *Biedermann* im Zürcher Schauspielhaus am 29. März 1958 schrieb der Kritiker der *Süddeutschen Zeitung*, Erich Pfeiffer-Belli, mit Blick auf die Entstehungsgeschichte des Stückes von den »Drei Pfannkuchen«, die der Autor »aus einem Frisch-Ei« gewonnen habe (*Süddeutsche Zeitung*, 1.4.1958). Er spielte an auf die sich zehn Jahre – von 1948 bis 1958 – hinziehende Entstehungsgeschichte des Bühnenstücks, die durch eine zweifache Verwertung der initialen, ihrerseits bereits veröffentlichten Idee vorangetrieben worden war.

Fremdbestimmtheit des Produktionsprozesses

So einleuchtend der schöpferische Prozess entlang seiner medialen Aus- und Umformung vom Hör- zum Bühnenstück zu entwickeln ist, bleibt dennoch die Bereitwilligkeit festzuhalten, mit der Frisch auf außerhalb der genuin künstlerischen Bedingungen liegende Beweggründe verwiesen hat. Sie kann geradezu als eine Überbetonung der Fremdbestimmtheit gewertet werden, welche eine eigengesetzliche Entwicklung des Stoffes verhinderte oder wenigstens nicht ausreichend zuließ. Natürlich hat Frisch nicht seine Verantwortung für das Stück relativieren wollen, eine Reserve, was den Prozess zwischen dem initialen Text der »Burleske« und dem *Biedermann*-»Endstück« angeht, ist aber zu erkennen und bei der Betrachtung der Entstehung des Schauspiels mitzubedenken.

P. Wapnewski

Im zeitlichen Umkreis der »Burleske« finden sich im Tagebuch prinzipielle Überlegungen zum Theater; einer ihrer Kernsätze lautet: »Spielplatz ist immer die menschliche Seele!« (*Tagebuch*, a.a.O., S. 233) Peter Wapnewski (1922–2012) hat darin, als er 1976 Frischs Arbeiten einer übergreifenden Betrachtung unterzog, das Prinzip des gesamten Werks erkannt: »Er [Frisch] gründelt in des Menschen Innenraum, vermißt ihn, berechnet ihn, prüft ihn – und tut es mit erstaunlichem Ergebnis, eben mit jenem Resultat des Betroffenseins. Offenlegung des Versiegelten; Bewußtmachung jener Intelligenzmasse, die in uns ständig vor der unmittelbaren Einsicht in sich selbst verharrt.«

Wapnewski findet im Weiteren noch andere eigenwillige Wendungen, mit deren Hilfe er den spezifischen Objektivierungsvor-

gang psychischer Verdrängungs- und Verschiebungsprozesse, wie er für Frischs darstellerisches Interesse typisch ist, bezeichnen will; so schreibt er von einem »Prozeß der Überführung der unartikulierten Selbstverständnis-Mitgift in den bewußten Besitz« und von einem »Erhellungs- und Selbstentdeckungsvorgang« (Wapnewski 1976, S. 382).
Wapnewskis Gesamturteil über das Frisch auszeichnende schriftstellerische Vermögen liest sich denn auch wie ein direkter Kommentar zu der »Burleske« im frühen Tagebuch: »Wie kein anderer zeitgenössischer Schriftsteller hat er [Frisch] die Fähigkeit, das latent im Bewußtsein Vieler Dahinschlummernde zu aktualisieren, jenes ›Hier-bist-du-gemeint‹-Erlebnis zu erzeugen.« (Ebd., S. 376) Die »Burleske« provoziert mit ihrem auktoriale und Leser-Perspektive verschränkenden »Du« genau dieses »Erlebnis«, welches dem Publikum des Bühnenstücks aber erspart bleibt.

1. Tagebuch von 1948

Frisch selbst hat der Feststellung Horst Bieneks (1930–1990) zugestimmt, dass sein literarisches Werk programmatisch und stofflich bereits mit dem Tagebuch von 1946 bis 1949 vorgelegen habe. Das Tagebuch erschien 1950 im eben gegründeten Suhrkamp Verlag und diente im Weiteren als eine Art »Steinbruch« für Frischs Arbeiten. Es stellt den Innenbezirk des Werks dar, in dem der Autor noch ohne ausdrückliche thematische Absicht das ihn Anziehende und Ansprechende festhielt. Frisch schreibt dazu: »Ich war damals, wie schon erwähnt Architekt. Auf dem Heimweg vom Atelier, in einem Café, manchmal sogar im Atelier, wenn die Angestellten es nicht sehen konnten, schrieb ich solche Skizzen wie die Skizze vom andorranischen Jud; abgesehen davon, daß ich nie das hehre Gefühl von Berufung kannte, hatte ich damals gar nicht die Zeit, die Entwürfe auszuführen. Ich mußte Geld verdienen.« (Bienek 1976, S. 30) Trotzdem haben die Einträge keineswegs vorläufigen Charakter, sondern sind, stilistisch durchgeformt, Kurzprosa mit eigenem Anspruch.

H. Bienek

Die »Burleske« findet sich ohne präzises Datum zwischen Texten, die aus dem Januar und solchen, die aus dem April 1948 stammen. Eine der Januar-Eintragungen entstand in Prag, wo sich Frisch die zu diesem Zeitpunkt äußerst angespannte politische Lage nicht aus der Überblicksperspektive der Zeitungen oder des Rundfunks mitteilte, sondern durch den unmittelbaren Kontakt zu tschechischen Freunden: »Prag, Januar 1948 – Wiedersehen mit Freunden [...]. Die Lage ist sehr verschärft. Noch streiten sie zusammen auf den letzten Brücken persönlicher Freundschaft. Die öffentliche Diskussion von damals wäre kaum mehr möglich.« (*Tagebuch*, a.a.O., S. 210 f.)

1.1 Historischer Exkurs zur Sowjetisierung der Tschechoslowakei (Frühjahr 1948)

Zu der Zeit von Frischs Prager Aufenthalt spitzte sich in der Tschechoslowakei ein Konflikt zu, dessen Ursprünge bis in den
E. Benesch Oktober des Jahres 1938 reichten, als Eduard Benesch (1884–1848) – seit 1935 tschechoslowakischer Staatspräsident – aus dem »Münchener Abkommen« die Konsequenz gezogen hatte und von seinem Amt zurückgetreten war. In dem Abkommen hatten die Westmächte England, Frankreich und Italien Hitlers Forderung, sudetendeutsche Gebiete dem Deutschen Reich zuzuschlagen, nachgegeben. Damit hofften die Alliierten, den Frieden innerhalb Europas erhalten zu können. Hitler jedoch nahm wenig später die zunehmenden Autonomiebestrebungen der Slowaken zum Anlass, »zum Schutz« der Sudetendeutschen in die Tschechoslowakei einzumarschieren. Damit war das Kalkül der Westmächte zerstört, mehr noch: ihre Politik des »Appeasement« hatte Hitlers Aggression Vorschub geleistet.

Benesch ging nach dem Einmarsch ins Exil nach London, wo er im Juli 1940 zum Präsidenten der tschechoslowakischen Exilregierung gewählt wurde. Neben der Londoner Exilregierung existierte in Moskau eine kommunistische Fraktion von Emi-
K. Gottwald granten, an deren Spitze Klement Gottwald (1896–1953) stand. Zwischen beiden Exilgruppierungen wurden von 1943 an, als sich nach der Niederlage der sechsten deutschen Armee bei Sta-

lingrad abzeichnete, dass sowjetische Truppen die Tschechoslowakei entsetzen würden, Verhandlungen geführt. Benesch ließ sich dabei auf sehr weitreichende Verpflichtungen bezüglich der Gestaltung der tschechoslowakischen Parlamentsverhältnisse nach Beendigung des Krieges ein. Gottwald verstand es, der Kommunistischen Partei eine dominierende Rolle innerhalb eines allgemeinen Linksbündnisses zu sichern. Benesch, der zu den Führern der linksbürgerlichen tschechoslowakischen »National-Sozialisten« gehörte und seit dem Ende des Ersten Weltkriegs die tschechoslowakische Autonomie zu erhalten und zu stärken suchte, ließ sich bei einem Moskauer Treffen im März 1945 sogar dazu bewegen, wichtige Ministerien des künftigen Nachkriegskabinetts den Kommunisten zuzusagen. Außerdem wurden grundlegende Änderungen in der Verwaltungsstruktur und der Bodenpolitik festgeschrieben, von denen absehbar war, dass sie dem Einfluss kommunistischer Parteigliederungen zuarbeiten würden. Wenige Tage nach Ende des Kriegs, am 16. Mai 1945, traf Benesch in Prag ein und wurde erneut zum Staatspräsidenten bestimmt.

Sowjetisierung

Bereits im Dezember 1945 zog sich die Rote Armee wieder aus der Tschechoslowakei zurück, ein massiver Hinweis darauf, dass Moskau sich der völligen Sowjetisierung des Landes sicher war. Bei den Wahlen im Mai 1946 gewannen die Kommunisten denn auch weit über ein Drittel der Parlamentssitze. Klemens Gottwald wurde zum Vorsitzenden einer Allparteienregierung gewählt und setzte ein staatliches Aufbauprogramm durch, welches mit den Forderungen der kommunistischen Partei weitgehend identisch war. Der Beginn des Kalten Krieges verschärfte die Situation, weil die amerikanische Offerte des »Marshall-Plans« auch für die von wirtschaftlichen Problemen geschüttelte Tschechoslowakei zur ernst zu nehmenden Option wurde. Stalin jedoch zwang Gottwald ultimativ zur Abgrenzung gegenüber dem Westen. Da die Kommunisten in direkter Regierungsverantwortung standen, drohte auf Grund der massiven Versorgungsschwierigkeiten ihr Einfluss zu schwinden. Durch Angriffe auf vermeintliche Parteigänger der »Bourgeoisie«, die sie der Ausplünderung des Landes bezichtigten, versuchten sie dem entgegenzuwirken. Die objektiven ökonomischen Zustände des

Landes wurden auf diese Weise klassenkämpferisch funktionalisiert und dadurch die moralische Legitimation für eine Reihe von Maßnahmen geschaffen, welche den Einfluss der kommunistischen Massenorganisationen stärkten.
In der Zeit von Frischs Prag-Aufenthalt – Januar 1948 – spitzte sich der Konflikt zwischen der kommunistischen Agitation und dem Widerstand der demokratischen Parteien auf das Äußerste zu. Ursache war die für das Frühjahr angekündigte Verabschiedung der neuen Verfassung, die zum Termin der im Mai anstehenden Wahlen zur Nationalversammlung in eine brisante Beziehung geriet. Die Kommunisten wollten über die Verfassungsänderung – die weitere Verstaatlichungen vorsah – ihre Macht so weit ausbauen, dass ihr Erfolg in den folgenden Wahlen gesichert war; die demokratischen Parteien plädierten hingegen dafür, die Verfassungsänderung auf die Zeit nach den Mai-Wahlen zu verschieben. Mitte Februar eskalierte der Konflikt, als der kommunistische Innenminister die Kaderbildung innerhalb des Polizeiapparates trotz der Kritik der nichtkommunistischen Regierungsmitglieder in geradezu provokativer Weise fortsetzte. Zwölf Minister reichten darauf ihren Rücktritt ein. Wahrscheinlich bestand ihr Kalkül darin, Neuwahlen und damit die von ihnen präferierte Abfolge von Wahl und Verfassungsgebung zu erzwingen. Allerdings schätzten sie die tatsächlichen Machtverhältnisse falsch ein, denn es schlossen sich ihrem Rücktritt nicht die für eine Auflösung des Parlaments notwendige Anzahl von Regierungsmitgliedern an. Somit war das Parlament beschlussunfähig, und es kam zur Regierungskrise.

Eskalation des Konflikts

Die Krise wurde von den Kommunisten genutzt, um ihre Anhängerschaft in den Betrieben und unter der Bauernschaft zu mobilisieren. Am 21. Februar 1948 forderte Gottwald in einer Kundgebung Staatspräsident Benesch ultimativ auf, den Rücktrittsgesuchen zu entsprechen und in die Regierung Repräsentanten der so genannten »Nationalen Front« aufzunehmen. Benesch versuchte durch Verhandlungsappelle, die angespannte Situation zu entschärfen. Inzwischen hatten sich aber im so genannten »Aktionsausschuss« die kommunistischen Parlamentarier und die prokommunistischen Angehörigen des Parlaments verständigt und zu einer Mehrheit zusammengefunden, mit der Gottwald den Staatspräsidenten unter Druck setzen konnte. Am 25. Februar stimmte Benesch den »Vorschlägen« Gottwalds zu und segnete damit faktisch die Übernahme der Staatsgewalt durch die Kommunisten ab. Unmittelbar im Anschluss daran kam es zu »Säuberungen« im Machtapparat. Benesch verweigerte der neuen Verfassung die Zustimmung und trat am 7. Juni 1948 von seinem Amt als Staatspräsident zurück. Drei Monate später starb er.

Frisch registriert die entscheidenden Vorgänge um den 25. Februar in seinem Tagebuch: »Café Odeon – Umsturz in der Tschechoslowakei. Alles geht rasch. Wie immer, wenn ein Kartenhaus zusammenfällt. Sorge um die Freunde. Dazu die Schadenfreude meiner Bekannten, denen ich die Tschechoslowakei stets als Beispiel einer sozialistischen Demokratie vorgestellt habe; dazu der allgemeine Dünkel: Das wäre bei uns halt nicht möglich.« (*Tagebuch*, a.a.O., S. 213)

Frisch bekennt hier nicht weniger ein, als dass er dem linksbürgerlichen Kurs Beneschs durchaus eine Chance gegeben hatte. Die Debatten unter seinen Prager Freunden, also Kennern der Verhältnisse vor Ort, verliefen entlang der gleichen Konfliktlinie: Verhielt sich Benesch naiv, oder taktierte er klug? War die Mobilisierung der Massen durch die Kommunisten eine kalkulierte Maßnahme, um die Regierung, an der man selbst Teil hatte, außerparlamentarisch unter Druck zu setzen, oder artikulierte sich darin der proletarische Unmut über einen trotz allem bürgerlich kontrollierten, deshalb handlungsunfähigen Staat? Bahnte sich eine Revolution an, oder handelte es sich um eine Verschwörung mit dem Ziel eines Staatsstreichs? Offenbar gab es diesen unterschiedlichen Einschätzungen entsprechend in Frischs Prager Freundeskreis Oppositionelle, Gemäßigte und Radikale, deren von Nahem miterlebte Auseinandersetzungen ihm den überlegenen Standpunkt seiner Bekannten in der Schweiz unmöglich machten.

Den endgültigen Anstoß zu der fast meditativen Selbstbefragung der »Burleske« gab aber eine Assoziation, die sich bei Frisch durch den Schock des nicht für möglich gehaltenen »Umsturzes« einstellte. Unmittelbar folgend auf die ihn als politisch Naiven bloßstellende Reaktion in seinem Zürcher Umfeld hält er fest:

»Es fällt mir jetzt immerfort ein, was ich vor einem Jahr in Theresienstadt gesehen, aber damals nicht notiert habe« – eine neue WC-Anlage in einer alten KZ-Zelle – »Warum habe ich es damals nicht notiert?« (ebd., S. 213 f.)

Frischs Ästhetik der »sittlichen Verstörung«

Sucht man nach einer »Urszene« von Frischs Ästhetik der »sittlichen Verstörung«, so ist sie hier zu finden. Das Tagebuch liefert den Beweis einer Wahrnehmungsschwäche, die seinen Autor tief irritiert, weil sie ihm die Verdrängung einer auf Gewalt und politisches Verbrechen hinweisenden Szenerie belegt. Im dauernden »Einfall« macht sich das Verdrängte geltend und stellt sich ihm die Frage, ob er mit seinem Glauben an eine »sozialistische Demokratie« die praktischen Vorbereitungen eines neuen Terrorregimes vor sich und anderen bemäntelt hat. Es ist dabei nicht von Belang, ob der Sachverhalt aufgeklärt und die Schreckensvision hätten relativiert werden können. Denn ganz unabhängig von jedem Wahrscheinlichkeits- und Wahrheitsgehalt lernte Frisch den Schock desjenigen kennen, der sein ebenso diffuses wie solides Grundgefühl, »gut« zu handeln, ja sogar ein empfindliches Gewissen zu kultivieren, aus heiterem Himmel zerstört findet. Aus dieser Erfahrung muss die Insistenz abgeleitet werden, mit der Frisch die »unartikulierte Selbstverständnis-Mitgift« und die geschmeidige, Selbsteinsicht verhindernde »Intelligenzmasse« (Wapnewski) bei sich selbst und seinen Zeitgenossen traktiert hat.

2. Der Hörspielvorentwurf von 1949/50

Im Herbst 1949 erteilte Radio Zürich Max Frisch den Auftrag für ein Hörspiel: »Die Geschichte, der Plot, die Idee steht im ersten Tagebuch als Prosaskizze. Dann gab mir der deutsche Rundfunk einen Auftrag für ein Hörspiel, und ich brauchte die 3 000 DM, die angeboten waren, hatte aber keine Idee; da sagte mir der Mann vom Rundfunk: Aber schauen Sie doch in Ihren Büchern nach, vielleicht ist doch im Tagebuch etwas – er mußte mich noch darauf stoßen. Dann habe ich dieses Hörspiel gemacht, es ist also schon aus einer Verlegenheit entstanden und war eine reine Auftragsarbeit, so eine richtige Geldverdien-Arbeit.« (Arnold 1975, S. 33)

Von der Betroffenheit durch die dem Stoff zu Grunde liegende Erfahrung ist nicht mehr die Rede. Die Veräußerung der Motivation geht über in die Beschreibung eines ästhetischen Verfahrens, das den Vorgang des Vergessens selbst produktiv macht: »Ich erzähle das nicht als Anekdote, sondern weil diese Art von Arbeit – wenn man einen eigenen Stoff bearbeitet wie einen fremden, der einen nicht mehr als Erfindung interessiert – die handwerklich viel freiere und souveränere ist. Es ist eine ideale Arbeitsmethode: Ich bin nicht mehr verstrickt in die Herrlichkeit oder Schwäche des Einfalls, sondern ich bekomme diesen Einfall, diesen Stoff wie aus der Literatur und bearbeite ihn. Und als Bearbeiter ist man dann besser, im Nachhinein.« (Ebd.)

Die Möglichkeit, mit einem vorgegebenen Thema und einem gegebenem Text manipulieren zu können, wird als »ideale Arbeitsmöglichkeit« herausgestellt, weil die Verwicklungen der Entwurfsphase wegfallen und der Autor sich in der Situation eines distanzierten Bearbeiters wiederfindet. Derartige Prozesse der Selbstobjektivierung – schreiben, »vergessen«, schließlich be- und neu erarbeiten – sind charakteristisch für die Entstehungsgeschichte vieler Texte der Moderne. Frischs Formulierung des Vorgangs ist von besonderem Interesse, weil das ästhetische Verfahren der Objektivierung eines Stoffes durch eine zeitversetzte Bearbeitung initial ist für eine über Jahre fortgesetzte Bearbeitung, an deren Ende die vollkommene Veräußerung des Stoffes in der objektivsten aller Gattung, dem Theater, steht.

Prozess der Selbstobjektivierung

Das Medium »Radio« gewährte jedoch noch eine gewisse Unmittelbarkeit, sichert doch die Beschränkung auf die Stimmen der Darstellung noch eine Intimität, welche der subjektiven Problematik des Stoffes entgegenkommt. Die Verschränkung von Selbstgespräch und Leseranrede, wie sie in der »Burleske« durch das Personalpronomen »Du« zu Stande kommt, wird zwar aufgelöst, aber durch die Suggestivität des Stimmlichen und die direkte Anrede des Hörers kann die Absicht des »Hier-bist-du-gemeint« gewahrt bleiben.

Zunächst jedoch verzögerte sich die Hörspielproduktion. Frisch lieferte am 6. Februar 1950 einen Entwurf ab, der die Fabel, die geplante Form des Hörspiels sowie die einzelnen Figuren enthielt. Vorgesehen war ein »Bericht«, den ein »Überlebender« der

Feuerkatastrophe abstattet, wobei er eine Art topografischer Rekonstruktion des vom Brand verheerten Stadtgebiets vornimmt. Der Überlebende ist Berichterstatter, Dialogpartner und Spielleiter zugleich. Er spricht zum Hörer und auch mit Biedermann, schildert den Verlauf der Ereignisse und lässt die entscheidenden Szenen gesondert vorspielen. Es handelt sich dabei um vier Episoden mit folgenden Titeln: 1. Biedermann und der Unbekannte, 2. Biedermann und Ilsebill, 3. Biedermann im Estrich, 4. Das letzte Abendessen.

Ähnlich der Figur des »Heutigen« in Frischs Stück *Die Chinesische Mauer* (1946), der die Auftritte der historischen Machthaber organisiert und kommentiert, agiert der »Überlebende« auf der Schwelle zwischen der Sphäre der Spielhandlung und der des Publikums. Als »Stimme der Vernunft« steht er gleichzeitig in Verbindung mit Biedermanns Ehefrau Ilsebill, welche – dem Geschlechterklischee entsprechend – mit der »Stimme des Gefühls« versucht, Biedermann vor dem drohenden Unheil zu warnen. Frisch änderte in der Endfassung den Namen Ilsebill, Biedermanns Gattin heißt dort Babette. Wahrscheinlich wollte er damit verhindern, dass die Frauenfigur allzu grotesk charakterisiert würde. Andererseits ist deutlich, dass Frisch wohl zunächst eine Umkehrung des von Philipp Otto Runge (1777–1810) aufgezeichneten und den Brüdern Jakob und Wilhelm Grimm (1785–1863; 1786–1859) überlieferten plattdeutschen Märchens *Van den Fischer und siine Fru* beabsichtigte: Dort ist es nämlich die Frau, Ilsebill, die durch Verblendung ihren Mann und sich selbst in den Untergang treibt. Die Funktion der Warnenden stand also zunächst im Kontrast zu der durch den Namen »Ilsebill« signalisierten Rolle der Verderberin des Mannes. Der Überlebende und Ilsebill finden zusätzliche Gleichgesinnte in Biedermanns Stammtischbrüdern, an die sich die Frau wendet, nachdem sie den fremden Gast entdeckt hat. Es formiert sich hier also bereits eine Gruppe von Mahnern, die sich im Schauspiel dann zum Chor erweitert findet.

Biedermanns Gattin

3. Das Hörspiel von 1952/53

Frischs Entwurf ging an Radio Zürich, aber die weitere Realisation des Hörspiels verschleppte sich. Erst im Sommer 1952, also nach fast zweieinhalb Jahren, erhielt der Autor ein erneutes Angebot, diesmal vom Bayerischen Rundfunk, der ihn mit einem stattlichen Salär lockte. Am 26. Januar 1953 schickte Frisch das Manuskript von *Herr Biedermann und die Brandstifter* sowohl an den Bayerischen Rundfunk als auch an den Initiator des Projekts bei Radio Zürich. Am 26. März ging das Stück beim Bayerischen Rundfunk über den Sender. Radio Zürich erhielt zwei Wochen später ein von Frisch überarbeitetes Manuskript, dessen Striche auf der Kenntnisnahme der Münchner Ursendung durch den Autor beruhen, aber auch eine Bearbeitung der BR-Redaktion darstellen können, von welcher Frisch die von Radio Zürich vorbereitete Fassung nicht abweichen lassen wollte. Drei Monate nach der Ursendung übertrug der Schweizer Sender das Hörspiel. In Frischs Darstellung der Genese des Stoffs, die er anlässlich der Züricher Uraufführung des Bühnenstücks mitteilte, erscheint jedoch nur der Bayerische Rundfunk als Auftraggeber und »Mäzen« des Projekts.

Inhaltlich weicht die endgültige Hörspielfassung von ihrem Entwurf dadurch ab, dass sie den dort namenlosen Ort mit »Seldwyla« konkretisiert und aus dem »Überlebenden« einen »Verfasser« werden lässt. Beide Veränderungen folgen der Tendenz zur weiteren Objektivierung des initialen Vorentwurfs. Der fiktive Ortsname »Seldwyla« knüpft an Gottfried Kellers (1819–1890) Sammlung von Novellen *Die Leute von Seldwyla* (1856) an, einem zentralen Werk der Schweizer Literatur. Damit wird ein allgemeiner lokaler und literarischer Hintergrund aufgerufen, welcher ebenso wie die in der siebten »Ansage« des Hörspiels verwandte, von dem Schweizer Kulturphilosophen Max Picard (1888–1965) stammende Formel: »Biedermann in uns selbst« die Wirkung des »Hier-bist-du-gemeint« stützen sollte, der Eindringlichkeit des Appells aber dadurch die Spitze nahm, dass er mit bekannten kulturellen Signalen versehen wurde. Die Ersetzung des »Überlebenden«, der als direkt betroffener Teilnehmer fingiert ist, durch den »Verfasser«, welcher dem Ge-

Seldwyla

schehenen aus medialer Distanz gegenübertritt, trägt ein Übriges zur Entemotionalisierung der Darstellung bei.

Entemotionalisierung

4. Die Bühnenfassung von 1958

Im Herbst 1957 erhielt Frisch die Möglichkeit, den *Biedermann* für die Bühne zu bearbeiten. Nach Abschluss des Romans *Homo faber* (1957) fühlte er sich gemäß eigener Aussage für sein eigentliches Vorhaben, die Geschichte des andorranischen Juden zu dramatisieren, noch zu erschöpft. So griff er das Angebot auf, nicht zuletzt, weil er glaubte, das *Biedermann*-Projekt würde in der Phase des Übergangs von der Romanarbeit zur Arbeit an *Andorra* (1961) eine geeignete »Fingerübung« (Bienek, a.a.O., S. 32) darstellen. Auch die dritte Er- und Bearbeitungsphase, die zur »endgültigen« Bühnenfassung führte, verdankte sich also einem Anstoß von Außen. Frisch bemerkt dazu: »Die zweite Stufe war wieder so: Ich hatte einen Roman abgeschlossen und publiziert: den *Homo faber* [...] und das Schauspielhaus Zürich sagte: Schreib ein Stück! Ich sagte: Ich habe keines. Die sagten: Wie wäre es mit diesem Hörspiel? Also das zweite Mal, daß mich einer darauf aufmerksam machen mußte. Und dann habe ich dieses Stück daraus gemacht.« (Arnold, a.a.O., S. 34)

F. Dürrenmatt

Im Programmheft für die Zürcher Uraufführung erwähnt Frisch auch einen gemeinsamen Spaziergang mit Friedrich Dürrenmatt (1921–1990) im Jahr 1955, bei dem sich beide an den Möglichkeiten des *Biedermann*-Stoffs delektiert hatten und Dürrenmatt Einfälle zu einem »Knechtling«-Stück improvisierte, er also die Nebenfigur des unglücklichen, durch Selbstmord endenden Geschäftspartners von Herrn Biedermann als Vorentwurf eines Bühnenstücks spielerisch erprobte.

Die Uraufführung von *Biedermann und die Brandstifter* fand am 29. März 1958, fast auf den Tag genau fünf Jahre nach der Ursendung des Hörspiels, im Zürcher Schauspielhaus statt.

4.1 Der Chor

Die wesentlichste Veränderung gegenüber der Hörspielfassung erfährt das Stück durch die Einführung des Chors der Feuerwehrmänner, der an Stelle des »Überlebenden« bzw. des »Verfassers« die Vermittlung zwischen dem Spielgeschehen und dem Publikum übernimmt. Die Idee, den Chor mit Feuerwehrleuten zu besetzen, ergab sich nicht, wie anzunehmen wäre, aus der schon in der »Burleske« bezeugten pyromanischen Neigung der ungebetenen Gäste, sondern aus einer für Frisch wesentlichen Parallele zwischen dem antiken Chor und der Feuerwehr: »Der antike Chor, der die Stadt (und insofern den Zuschauer) vertritt und auf der Bühne wacht, beschwichtigt und warnt, ohne wirklich eingreifen zu können, wenn Kreon sich blindlings ins Unheil begibt, hat mich immer an die brave Feuerwehr erinnert, die auch nichts machen kann, bevor 's brennt, und dann ist es ja – in der Tragödie und heute – zu spät.« (Max Frisch: *Gesammelte Werke in zeitlicher Folge*. Sechs Bde. Hg. von Hans Mayer unter Mitwirkung von Walter Schmitz, Frankfurt/M. 1976, Bd. IV, S. 456)

Trotzdem will Frisch den Chor nicht parodistisch verstanden wissen. Dies ist durch den Kommentar im Programmheft der Uraufführung und dadurch belegbar, dass Chorverse auf Sophokles' Drama *Antigone* Bezug nehmen; Letzteres vermittelt über Dürrenmatts Stück *Der Besuch der alten Dame* (1956), das ebenfalls Chorpassagen aufweist.

Sophokles

Mit der Einsetzung des Chors ist die letzte Phase der Veräußerung einer zwischen Biedermann und dem Rezipienten bestehenden »Ähnlichkeit« vollzogen. Die Nahwirkung des »Hier-bist-du-gemeint« ist aufgehoben in der Institution des Chors, der ebenso Mitleid zeigt wie er den Schrecken verwaltet. In der Identität von Chor und Feuerwehrtruppe schlägt Frischs Versuch, einen dramatischen geschichtlichen Vorgang zum Prüfstein der individuellen moralischen Verantwortung zu machen, ins Tragikomische um.

4.2 Der Schauplatz

Das Bühnenbild für die Uraufführung gestaltete Frisch, der gelernte Architekt, selbst. Er fertigte dafür ein Modell im Maßstab 1:20, ein Vorgang, der wiederum Rückwirkungen auf den Text des Stückes hatte. Der Schauplatz, der während des gesamten Stückes nicht wechselt, weist zwei Ebenen auf, den Wohnbereich der Familie Biedermann und den Dachboden, die simultan bespielt werden können. Damit wird in gewisser Weise die akustische Situation des Hörspiels, die schwellenlose Überblendungen zwischen den einzelnen Räumen gestattet, ins Optische transponiert: Wohnbereich und Speicher sind für den Zuschauer gleichzeitig einsehbar, für ihn herrscht eine »Transparenz«, welche die auf der Bühne stehenden Personen nicht kennen. Diese agieren, als wären die Mauer zwischen den Stockwerken vorhanden. Das Bühnenbild entspricht so der psychologischen Situation, die das Stück entwickelt: Chor und Zuschauer haben den »Überblick«, Biedermann weiß ebenfalls, »was vorgeht«, agiert aber, als nähme er nicht wahr, was sich direkt neben ihm abspielt.

Transparenz

4.3 Das Nachspiel

Obwohl das *Nachspiel* seit Anfang der Sechzigerjahre nicht mehr in der Textausgabe des *Biedermann* erscheint und allein in der Gesamtausgabe der Werke Frischs zu finden ist, offenbaren gerade Entstehung und Geschichte dieses »Appendix« die Problematik des Stückes. Das Stück ist nicht lang genug, um einen ganzen Theaterabend zu füllen. Dieses Manko führt Hellmuth Karasek darauf zurück, dass Frisch mit einer Ergänzung durch Friedrich Dürrenmatts »Knechtling«-Stück gerechnet hatte (Karasek 1971, S. 68). Ob dies wirklich die Ursache der Kürze des Stücks ist, muss dahingestellt bleiben. Um weitere Szenen »gestreckt«, verlöre es nämlich seine parabolische Prägnanz; die »Kürze« scheint der spezifischen Dynamik des Geschehens geschuldet.

Für die Zürcher Premiere löste Frisch das Problem durch die

»Zugabe« seines Einakters *Die große Wut des Philipp Hotz*. Hotz, ein von Tat und Tätlichkeiten weit entfernter Intellektueller, will seiner Frau seine Handlungsfähigkeit beweisen, indem er sie in einen Schrank sperrt und glauben macht, er zerstöre den ihm zustehenden Teil der Wohnungseinrichtung. Ständig muss er sich antreiben, »[n]ur jetzt nicht die Wut [zu] verlieren!« Für das Demolieren der ehelichen Wohnung heuert er Möbelpacker an, die sehr systematisch vorgehen, indem sie Hotz bei jedem Stück, das sie ramponieren, zuerst über Form und Grad der Zerstörung befragen. Hotz' Frau ist aber durch den inszenierten, »männlich entschlossenen« Gewaltakt nicht zu beeindrucken. Als sie schließlich doch glauben muss, Hotz habe sie verlassen und sei in die Fremdenlegion eingetreten, ist dieser bereits wieder auf dem Heimweg, weil man ihn wegen Kurzsichtigkeit für untauglich befunden hat.

Die große Wut des Philipp Hotz

Die Kritik zeigte guten Willen bei dem Bemühen, Verbindungen zwischen *Biedermann* und *Hotz* herzustellen. So glaubte man, im *Hotz* ein satyrhaftes Nachspiel in der Tradition der griechisch-antiken Theaterpraxis erkennen zu können, oder fand Übereinstimmungen im Handeln der Hauptfiguren, die beide aus Angst vor Blamage falsch handeln. Letztlich vermochte man aber kaum plausible Motive zu liefern, die hätten helfen können, über die Funktion des *Hotz* als einer bloßen »Endprothese« hinwegzusehen.

Frisch erkannte das Problem und entschied sich unmittelbar nach der Zürcher Uraufführung, Anfang April 1958, ein eigenes *Nachspiel* zu verfassen. Er nahm darin sowohl auf die gesellschaftspolitische Entwicklung in der Bundesrepublik, die eine Schonung der Nazifunktionäre erkennen ließ, als auch auf religiös-metaphysische Aspekte Bezug. Frischs Verleger Peter Suhrkamp (1891–1959) war von Anfang an skeptisch, was eine Erweiterung des Stücks anging. Im Juni 1958, als ihm das *Nachspiel* vorlag, teilte er Frisch mit, dass er das »Schwänzchen am runden, geglückten *Biedermann*« für keine glückliche Lösung halte: »Das Mißgeschick liegt wahrscheinlich im Wiederaufnehmen der alten Figuren als Symbole, die im Biedermann von prall sinnlicher Wirkung waren. Das kommt für mich geradezu symbolisch in der Wiederaufnahme des Chors, ganz gegen Ende,

P. Suhrkamp

deutlich heraus. Ich bin also dafür, lieber Freund, daß wir dieses Nachspiel zunächst noch völlig für uns behalten, es vorläufig noch niemandem zeigen. Hoffentlich haben Sie es noch nicht irgendwohin geschickt.« (In: Ziegfeld 1979)
Was Frisch bewogen hat, gegen den Rat seines Verlegers zu handeln und am *Nachspiel* festzuhalten, ist mit letzter Sicherheit nicht zu klären. Möglicherweise machte man mit den beiden ersten Aufführungen in der Bundesrepublik (das Zürcher Schauspielhaus gastierte am 28. und 29. Juni bei den Ruhrfestspielen in Recklinghausen) Erfahrungen, die ihn endgültig die *Biedermann-Hotz*-Lösung verwerfen und für die zur Buchmesse geplante Frankfurter Aufführung am 28. September die *Nachspiel*-Variante ins Auge fassen ließ; ohnehin zeigte das Frankfurter Schauspielhaus kein großes Interesse an dem *Hotz*-Anhang. Substanzieller jedoch dürfte die an Suhrkamps Kritik anschließende Überlegung sein, dass Frisch den stark komödienhaften Charakter des *Biedermann* seinen ursprünglichen Absichten gegenüber als abträglich erkannt hatte und dem Stück noch eine dezidiert »symbolische« Ebene einzuziehen versuchte. »[S]ie [die langen Zitate aus der Apokalypse im *Nachspiel*] scheinen mir – ja, soll ich nun sagen: mit Absicht literarisch oder als große ›Theaterei‹?«, hatte Suhrkamp schon im Juni brieflich angemerkt. Der Verleger erkannte, dass dem Schauspiel nachträglich eine Deutungshilfe angefügt werden sollte, die ihm nicht entsprechen konnte. Frisch regelte wenig später die Frage des *Nachspiels* in der Ausgabe seiner Stücke: »Das Nachspiel, später als das Original verfaßt, war besonders für deutsche Aufführungen bestimmt; die Erfahrung hat den Verfasser belehrt, daß das Stück auch ohne Nachspiel aufgeführt werden kann.« (Max Frisch: *Stücke*. 2. Bd., Frankfurt/M. 1962, S. 322)

Deutungsansätze

1. Das Ende der Totalitarismus-Forschung

Im Gegensatz zu den Kritiken der weltweiten Aufführungen von Max Frischs *Biedermann und die Brandstifter*, die vor allem die Frage diskutierten, auf welche Form des politischen Totalitarismus die Parabel des Stückes zu beziehen sei, nahm die Forschung kaum Notiz von dieser Fragestellung (vgl. hierzu: Walter Schmitz (Hg.): *Materialien zu Max Frisch »Biedermann und die Brandstifter«*, Frankfurt/M. 1979, S. 76–127). Nachdem das Stück sich in der Kritik sowohl als Analyse faschistischer wie kommunistischer Machterschleichung bewährt hatte, aber auch die Warnung vor den Folgen rechtsstaatlicher Toleranz gegenüber terroristischen Umtrieben in es hineingesehen werden konnte, bot sich der Generalbegriff des »Totalitarismus« als gemeinsamer Nenner für die scheinbar so eindeutige, im konkreten politischen Bezug aber flüchtige Botschaft des Stückes an. Nach 40 Jahren Totalitarismusforschung scheint aber die Zurückhaltung, welche sich die Interpretationen hinsichtlich der Kritik Frischs an einem bestimmten politischen System oder Verhalten auferlegt haben, als angemessen. Die analytische Kapazität des Totalitarismus-Begriffs ist erschöpft. Es ist der zuständigen Geschichtsforschung nicht gelungen, die von ihm angezeigte Herrschaftstypologie auch empirisch einzuholen; inzwischen wird »Totalitarismus« schon als eine individualpsychologische Kategorie aufgefasst, die den Weltbezug seiner unter Todesdrohung ins Exil gezwungenen Theoretiker benennt (vgl. dazu: Wolfgang Kraushaar: *Linke Geisterfahrer. Denkanstöße für eine antitotalitäre Linke*, Frankfurt/M. 2001). Die gesellschaftstheoretische Fundierung des Totalitarismus-Konzepts aber – dies ist das inzwischen feststehende Fazit einer ganzen Forschungsepoche – muss als gescheitert gelten.

Nicht zuletzt die jahrzehntelange Konjunktur des Begriffs hat mitgeholfen, dass aus dem *Biedermann* gegen die Intentionen seines Urhebers ein »Lehrstück« »wider den Totalitarismus von Links wie Rechts« wurde. Die von dem Stück gelieferten Meta-

phern sind aus dem politischen Diskurs nicht mehr wegzudenken; jede irgendwie von demokratischen Standards abweichende Entwicklung lässt sich mit dem Hinweis, potentielle »Brandstifter« seien am Werk, unter Verdacht stellen und moralisieren. So ist der *Biedermann* in gewisser Weise Opfer seiner probaten Rezeption geworden; ein Ergebnis, das sich zu Anfang der Wirkungsgeschichte in der Reserve Frischs andeutete, der sich mit den eindeutigen Reaktionen der Zuschauer und den politischen Deutungen der Kritik nicht recht abfinden wollte.
Die literaturwissenschaftlichen Forschungen zu *Biedermann und die Brandstifter* führen demgegenüber eher ein Schattendasein. Jedoch sichern beispielsweise die wichtigen Arbeiten von Walter Schmitz und Hans Bänziger einen Gehalt, den die Rezeptionsgeschichte so gut wie eliminiert hat, der aber geeignet ist, Frischs Stück nach der Auflösung der Totalitarismus-Debatte dem Kontext einer Erfahrung zu reintegrieren, die der Schriftsteller selbst angesichts der sich verselbstständigenden Wirkungsgeschichte wohl als nicht mehr zu vermitteln eingeschätzt hatte.

2. Zur philosophisch-moralischen Problematik nach 1945

Mit dem von ihm gebrauchten Stichwort »Sittlichkeit« ist die Gefahr verbunden, dass die Komplexität der moralischen Reflexion, die Max Frisch in seinem Tagebuch unternimmt (S. 222 f.), übersehen wird. Frisch gebraucht das Wort »Sittlichkeit« als allgemeinen Verständigungsbegriff und signalisiert damit keine spezielle Anknüpfung an eine bestimmte philosophische oder religiöse Diskussion, so etwa die Sittenlehre bei Johann Gottlieb Fichte (1762–1814) oder bei Friedrich Schleiermacher (1768–1834). Im Tagebuch der Jahre von 1946 bis 1949 sucht er in der Überzeugung, dass die Katastrophe des Zweiten Weltkriegs eine absolute Zäsur darstellt, nach ethischer Neuorientierung. Er widmet sich damit der für die Intellektuellen Europas dieser Jahre zentralen Problematik. Die Stimmung der Zeit gibt Arlette Elkaim-Sartre in ihrem Vorwort zu Jean-Paul Sartres (1905–1980) *Wahrheit und Existenz* wieder, einem

Fragment, in dem Sartre den möglichen Grundlagen einer neuen Moral nachgeht: »1948. Kalter Krieg. In seinem beunruhigenden Licht, vergessen wir es nicht, schrieb Sartre *Wahrheit und Existenz*. Die Auslöschung der Menschheit durch einen dritten Weltkrieg, den Atomkrieg war eine allgegenwärtige Hypothese. Die philosophische Diskussion über das Geschick des menschlichen Abenteuers [...] konnte in jedem Moment entschieden werden.« (Arlette Elkaim-Sartre: *Kontexte*, in: Jean-Paul Sartre: *Wahrheit und Existenz*, Hamburg 1998, S. 9–12, hier: S. 12)

Moralisch-ethische Neuorientierung

Die moralisch-ethische Neuorientierung erfolgte in dem Bewusstsein, zugleich in einer postapokalyptischen und einer präapokalyptischen Zeit zu leben. Die moralische Reflexion musste ohne irgendwelche Rückgriffe auf Vergangenes auskommen, also fundamental ansetzen, und stand zugleich unter dem Druck absoluter Konsequenzen des aktuellen (politischen) Handelns. Der Bruch mit der Vergangenheit und die Drohung der atomaren Auslöschung verliehen dem Nachdenken über neue Grundlagen der Moral und des politischen Handelns einen absoluten Anspruch und belasteten es zugleich auf das Höchste.

1943 hatte Sartre sein Hauptwerk *Das Sein und das Nichts* veröffentlicht, eine phänomenologische Analyse des menschlichen Bewusstseins, die bereits Grundlagen für eine Neubegründung der Moral schaffen wollte. Der Optimismus des Philosophen, dieses Projekt zu Ende führen zu können, verlor sich jedoch in den Fünfzigerjahren. Mehr noch: Der Zusammenhang von Bewusstsein und Moral beschäftigte Sartre schließlich bis zu seinem Lebensende. Denn auch das zweite große Hauptwerk, die *Kritik der dialektischen Vernunft* (1960), lieferte wiederum philosophische »Grundlagenforschung«, jedoch keine »Morallehre«. Pointiert kann man feststellen: Sartres Arbeit besteht von 1943 an in einem einzigen Aufschub der für ihn zentralen Frage nach der neuen Moral, da er sich immer wieder in die vorgängig zu leistende Lösungen geschichts- und bewusstseinsphilosophischer Probleme verstrickt findet. Allgemein gewendet heißt dies: Die Fünfzigerjahre sind geprägt von der Erwartung einer radikalen Neubegründung von Moral (und politischem Handeln) und gezeichnet von der Erfahrung der schwindenden Möglichkeit, diese zu leisten.

»Bewußtseinstheater«

Vor dem Hintergrund des intellektuellen Kräftefelds der Zeit, dessen exemplarische Figur Jean-Paul Sartre war, erscheint der auf Frischs Stücke gemünzte Begriff des »Bewußtseinstheaters«, wie ihn Walter Schmitz in seiner Studie *Biedermanns Wandlungen: Von der »Burleske« zum »Lehrstück ohne Lehre«* (in: ders.: *Materialien*, a.a.O., S. 137–156) nahe legt, in überraschendem Licht. Das Theater wird hier nicht als ein womöglich auswechselbares Medium intellektueller oder künstlerischer Botschaften verstanden, sondern als Modell des Bewusstseins selbst aufgefasst. Schmitz leitet dies aus einer genauen Analyse der einzelnen Entstehungsphasen des *Biedermann* ab, welche die komplizierten Projektions- und Partizipationsverhältnisse ans Licht bringt, wie sie zunächst die Haltung des Lesers und des Hörers, schließlich die Identifikation der Zuschauer mit den Personen in *Biedermann und die Brandstifter* bzw. die Distanz zu diesen bestimmen. Daraus folgt wiederum, dass dem Entstehungsprozess des Stücks exemplarische Bedeutung zukommt. Es zeigt sich: Aus dem Stoff wurde nicht etwa durch eine Reihe institutioneller Zufälle ein Theaterstück, sondern Frischs fundamentale moralische Reflexion führte in ihrer Konsequenz zum Medium Theater als dem integralen Modell von Bewusstsein und Moral. Dies ist hier weiter auszuführen.

Sartres *Das Sein und das Nichts*

Das Thema von *Das Sein und das Nichts* ist – vereinfacht dargestellt – jene komplizierte Beziehung von »Sein und Schein«, welche nach Sartre verantwortlich ist für die Entstehung von Bedeutungsstrukturen im menschlichen Bewusstsein. In den Kapitel des Buches, die über *Die Unwahrhaftigkeit*, die Lüge (Jean-Paul Sartre: *Das Sein und das Nichts. Versuch einer phänomenologischen Ontologie*, Hamburg 1985, S. 91–121) und *Die »Wahrhaftigkeit« in der Unwahrhaftigkeit* (ebd., S. 117–121) und damit die moralisch relevanten Aspekte der Tätigkeit des Bewusstseins handeln, entwickelt Sartre eine Begrifflichkeit, die sich um den semantischen Kern von »Glaube« und »Vertrauen« gruppiert: »Bonne foi« und »mauvaise foi« lassen sich im Deutschen auch als »Gutgläubigkeit«, »Vertrauensseligkeit« und »Bösgläubigkeit« wiedergeben und gehören damit in den semantischen Kontext von »Glaube«, »Vertrauen« und »Wahrhaftigkeit« (vgl. dazu Anm. auf S. 117).

Damit aber korrespondiert Frischs Meditation über die (falsche) Vertrauensseligkeit, welche er in der »Burleske« des frühen Tagebuchs anstellt, der fortgeschrittensten bewusstseins- und moralphilosophischen Anstrengung seiner Zeit. Frischs parabelhafter Text von wenigen Seiten führt zielsicher zu dem aus der Dialektik von Schein und Sein hervorgehenden moralischen Konflikt zwischen »Gut-« und »Bösgläubigkeit«, dem Sartre viele Seiten seiner Analyse des menschlichen Bewusstseins widmet. Frischs »Burleske«, die sonst immer nur als Keimtext des späteren Theaterstücks Beachtung findet, offenbart so die Folgerichtigkeit, mit der Frisch seine fundamentalen Reflexionen zur »Sittlichkeit« betrieb.

3. Theatrum mundi

Die Nähe einer Analyse, die sich dem Bedeutungen schaffenden Spiel von Schein und Sein und dem daraus hervorgehenden Problem des »Glaubens« widmet, zum Medium Theater ist evident. Bietet das Theater doch immer schon eine immanente Reflexion des Zusammenhangs von Schein und Sein, ja beruht es doch auf dem Wechselspiel von Verstellung und Enthüllung, Maske und Gesicht etc. Seine Fachsprache liefert eine populäre Terminologie für die komplexen bewusstseinstheoretischen Zusammenhänge von Schein und Sein und ihre moralischen Aspekte.
Die Differenz von Sein und Schein in Begriffen des Theaters zu verhandeln und moralisch zu werten hat eine lange Tradition. Schon bei den Stoikern und den Skeptikern, später bei Boethius (480–524) und im Mittelalter bei Johann von Salisbury (1115–1180) wird der moralische Zustand der Welt unter dem Aspekt seiner theatralischen, d. h. seinem Spiel- und Täuschungscharakter erfasst und kritisiert. »Rolle«, »Maske«, »Szene«, »Schauspieler«, »Zuschauer« etc. sind Begriffe des Theaters und zugleich solche des moralischen Räsonnements. Vor allem mit dem Begriff der »Rolle« lässt sich ein Modell sozialer Interaktion konstruieren, in dem die Welt als »Bühne« gedacht wird, darauf sich das mundane Geschehen gemäß der Logik von Täuschung, Verstellung und Entlarvung vollzieht.

M. de Montaigne

Die ausführlichsten Reflexionen zur Spannung zwischen Ich und Gesellschaft und die damit verbundene »theatralische« Selbstverfehlung stellt im 16. Jahrhundert Michel de Montaigne (1533–1592) an. Jean Starobinski, der ihm einen großen Essay gewidmet hat, schreibt dazu: »Auf eben dem illusionistischen Effekt dieses Theaters insistiert Montaigne wie so viele seiner Zeitgenossen. Das Spiel, das es uns aufzwingt, ist ein Schattenspiel. Die Herrlichkeit des Fürsten ist reine Komödie: geschickte Trugbilder genügen, die Majestät darzustellen und den Respekt der Völker zu wecken. Die Weisheit der Vorsichtigen und die Lehre der Weisen sind nicht weniger trügerisch. Alles ist *Betrügerei*, *Taschenspielerei*, *Mienenspiel*, *Täuschung*. [...] Aus Schwäche eher denn aus böser Absicht erklärt sich die Mehrzahl der Menschen zur Betrügerei bereit: Gefangene ihrer Einbildungskraft, in Selbstvergessenheit lebend, lassen sie sich davon einen Bären aufbinden. Sie nehmen den Schein für das Wesen.« (Jean Starobinski: *Montaigne. Denken und Existenz*, Frankfurt/M. 2001, S. 12)

Bei Montaigne geht die moralische Kritik an der »Theatralik« des menschlichen Verhaltens bereits in Ideologiekritik über. Die Rollenhaftigkeit des gesellschaftlichen Seins wird als vermeidbar betrachtet. Ist also bei Montaigne der Topos des »theatrum mundi« kritisch besetzt, so wird er in der christlich-theologischen Tradition als das relevante Modell des menschlichen Daseins reflektiert: Gott ist Zuschauer des Weltentheaters, dessen für die beschränkte Perspektive der weltlichen Protagonisten uneinsichtigen Ereignisse der Logik seiner göttlichen Inszenierung unterliegen. Diese Deutung taucht erstmals ausführlich im *Policratius* des Johann von Salisbury (1115–1180) auf. Ernst Robert Curtius (1886–1956) aber – dies ist für den hier verfolgten Zusammenhang von besonderer Bedeutung – lässt die Geschichte des Topos im »Großen Salzburger Welttheater« von Hugo von Hofmannsthals (1874–1929) *Jedermann*-Drama enden (Ernst Robert Curtius: *Europäische Literatur und lateinisches Mittelalter*, Bern 1948). Auf ihn hat sich wiederum die Soziologie bezogen; die Analogie zwischen theatralischem und soziologischen Rollenbegriff, wie sie in Ralf Dahrendorfs *Homo Sociologus* (Opladen 1971, S. 221 ff.) auftaucht, ist aus Curtius' Werk »ge-

E. R. Curtius

schöpft« (Hans Robert Jauss: »Soziologischer und ästhetischer Rollenbegriff«, in: *Identität.* Poetik und Hermeneutik VIII, München 1971, S. 599–607, hier S. 600). Die theoretische Diskussion, die von der modernen Soziologie mit Hilfe eines vom Medium des Theaters abgeleiteten Modells geführt wird, beruht also ihrerseits auf einer langen bis in die Antike zurückreichenden Tradition.

H. v. Hofmannsthals *Jedermann*

Auf Hofmannsthals *Jedermann* nimmt bekanntlich auch Frisch im *Biedermann* Bezug. Er tut es natürlich nicht in der Weise, dass damit eine geheime göttliche Regie und Kontrolle angedeutet würde. Das Stück wird wirksam nur in den bildungsbürgerlichen Reflexen, die es bei Biedermann und seiner Frau auslöst und dem makaber-parodistischen Gebrauch, den Schmitz und Eisenring davon machen. Unter diesen bühnenwirksamen Effekten verbirgt sich jedoch – worauf Walter Schmitz aufmerksam gemacht hat (*Materialien*, a.a.O., S. 146) – ein bis in die »Burleske« zurückzuverfolgender Zusammenhang: Der *Jedermann* ersetzt in der Bühnenfassung das *Apostelspiel* des österreichischen Schriftstellers Max Mell (1882–1971), eines Freundes Hugo von Hofmannsthals. In Mells Stück aber findet sich die Dialektik von Schein und Sein, Spiel und Ernst und der komplementäre moralische Aspekt des »Glaubens« idealtypisch gestaltet.

3.1 Max Mells *Apostelspiel*

H. Bänziger

Hans Bänziger, der die zahlreichen Anspielungen untersucht, die Frischs Stück mit der literarischen Tradition verbinden, kann eine Reihe zum Teil entlegener Bezüge identifizieren, so interpretiert er beispielsweise ausgiebig das Gansessen in der letzten Szene des Stücks, anlässlich dessen Sepp das Kinderlied »Fuchs, du hast die Gans gestohlen« singt (Bänziger 1979, S. 209 f.). Von größerer Bedeutung allerdings sind die Ausführungen, die er Max Mells Theaterstück *Apostelspiel* im Hinblick auf die thematische Entwicklung des *Biedermann* widmet. Bänziger liefert den vertiefenden Kommentar zu der von Schmitz angedeuteten Funktion des *Apostelspiels* für die Entstehungsgeschichte des *Biedermann*. Dabei sichert er ein wichtiges literaturgeschichtliches Faktum: »Sein [Mells] *Apostelspiel* (1923) nahm in der Zwischenkriegszeit, sicher was die Popularität betrifft, ungefähr den Platz ein, den Frischs Lehrstück viele Jahre in der Nachkriegszeit einnahm. [...] Das Apostelspiel ist stilistisch und zeitgeschichtlich ein Komplementärbild zu *Biedermann*.« (Ebd., S. 213)

Das im Bühnenstück nicht mehr erwähnte *Apostelspiel* bildet also das Element, das den *Biedermann* einer anderen, außerhalb seiner gängigen Deutung in der Tradition Brechts liegenden literaturgeschichtlichen Kontinuität integriert. Eine kurze Inhaltsangabe zeigt, dass das Stück darüber hinaus als positiv endende Kolportage der Erfahrung Frischs mit dem tschechischen Stalinismus gelesen werden kann.

Die 15-jährige Magdalen lebt mit ihrem Großvater auf einem Einödhof. Sie liest sehr viel in der Bibel, zuviel wie der Großvater meint, der die »Wunder«, die sich Magdalen erwartet, lieber »im Büchel« ließe. Das Mädchen wünscht sich, die Wiederkehr Christi oder seiner Jünger erleben zu dürfen. Als eines Abends zwei Fremde die Stube betreten und um Mahlzeit und Nachtquartier bitten, überredet der Großvater sie, die Einfalt der Enkelin auszunutzen und ihr einen Streich zu spielen. Die Fremden, von denen einer einen russischen Militärmantel trägt – Kennzeichen des atheistischen Bolschewismus – geben sich daraufhin als Petrus und Johannes aus. Tatsächlich sind sie zur Änderung der Welt insofern entschlossen, als sie – gut kommunistisch – den Umsturz planen, beginnend mit der Ermordung von Magdalen und ihrem Großvater sowie der Zerstörung des Bauernhofs.

Tatsächlich glaubt Magdalen, Petrus und Johannes vor sich zu haben und befragt sie über Stellen aus der Heiligen Schrift. Der vorgebliche Petrus will das Apostelspiel beenden, »Johannes« aber kann sich immer weniger der Wirkung der naiven Gutgläubigkeit des Mädchens entziehen, glaubt schließlich selbst, vom Heiligen Geist erfüllt zu sein und erlaubt Magdalen, in Zukunft ihren Wunschnamen »Maria« zu führen. Während »Maria« den Großvater holt, verschwinden »Petrus« und »Johannes« – Großvater und Enkelin sind gerettet.

Fähigkeit zum Glauben

Thema des Stücks ist die soziale Wirkung der Fähigkeit zum

Glauben, die dem nüchternen Verstand als naive Gutgläubigkeit und lebensgefährliche Einfalt erscheinen muss. Der einfältige Glaube des Mädchens führt zur Bekehrung des falschen Apostels: Aus einem Kommunisten wird ein Jünger Christi. Mell, der nach dem Ersten Weltkrieg der repräsentative katholische Schriftsteller in Österreich war, liefert ein konservatives Programm als Heilmittel für die sozialen Spannungen, welche die Zwanzigerjahre bestimmten. Sieht man jedoch von dem antimodernen Motiv seines Stücks ab und betrachtet das »Wunder« der Verwandlung des potenziellen Verbrechers in einen »Apostel« im Kontext von Frischs »Burleske« von 1948, lässt es sich im Sinn der Dialektik von Schein und Sein interpretieren. Indem Magdalen für gegeben hält, was nur Verstellung ist, erweckt sie das Mitgefühl und bewirkt die Verwandlung des Verbrechers. Das Mädchen verwandelt eine Situation von tödlichem Ernst in ein Spiel mit gutem Ausgang. In Frischs »Burleske« taucht das *Apostelspiel* zwar als literarisches Exempel der Verblendung des Protagonisten auf, es verweist aber gleichzeitig auf die ernüchterte Vertrauensseligkeit des Autors, dessen »Glaube«, Stalinisten seien »menschliche Sozialisten«, drastisch zuschanden wurde. In seiner Einschätzung der politischen Situation der Tschechoslowakei verhielt sich Frisch nicht anders als Mells Heldin Magdalen, allerdings mit gegenteiligem Erfolg. Sein »Glaube« erwies sich im Nachhinein als Ideologiegläubigkeit.

Vertrauensseligkeit

Es hieße aber die Botschaft, die sich aus Frischs von der politischen Wirklichkeit des Jahres 1948 zerstörtem »Apostelspiel« ergibt, verkennen, würde man sie auf die Notwendigkeit permanenten Ideologieverdachts, also der dauernden Unterstellung bewusster (politischer) Manipulation und Funktionalisierung der Gutgläubigkeit reduzieren. Das Problem besteht vielmehr darin, dass »Glaube« als »Glaube an die Sache« eine Notwendigkeit jeden Engagements darstellt.

Erneut kann auf Sartre, die intellektuelle Lichtgestalt der Fünfzigerjahre, verwiesen werden, in dessen Biografie sich der Konflikt exemplarisch eingeschrieben hat. Zwischen Juli 1952 und November 1956 der Kommunistischen Partei Frankreich nahestehend, ließ sich Sartre von der KPF für eine Reihe politischer Kampagnen einspannen: Unter anderem behauptete er nach einer Reise in die Sowjetunion, dass in der UdSSR »totale Freiheit der Kritik« herrsche. Schließlich exponierte er sich in der Frage der sowjetischen Lager dahingehend, dass er zwar deren Existenz nicht bestritt, auch die Kritik daran akzeptierte, die Lager aber in der Überzeugung vom letztendlichen Sieg des Kommunismus in Kauf nahm. Sartres Glaube an die kommunistische Sache führte zum größten Desaster seiner intellektuellen Biografie und stellt noch heute rückblickend seine Glaubwürdigkeit in Frage.

Hinsichtlich der politischen Konsequenzen unterscheidet sich Frischs Gutgläubigkeit gegenüber den tschechischen Stalinisten zwar von der Sartres gegenüber dem sowjetischen System, »strukturell« aber stimmt sie mit dieser überein.

Wenn, wie Bänziger feststellt, Mells *Apostelspiel* in den Zwanzigerjahren eine ähnliche Rolle in der literarischen Darstellung und Propagierung der (soziale) Wunder wirkenden Gutgläubigkeit spielte wie Frischs *Biedermann* in der Nachkriegszeit als Paradestück der Entlarvung des blinden Glaubens in Zeiten totalitärer staatlicher Gewalt (*Materialien*, S. 213), so wird damit nicht etwa das *Apostelspiel* durch den *Biedermann* widerlegt; vielmehr betrifft Frischs Kernerfahrung, die von der Wirkungsgeschichte des Stücks verdeckt wurde, das Risiko, dass aus not-

Verdrängung

wendigem »Glauben an die Sache« verblendete Verdrängung wird: Für den »Glauben« steht die Figur der Magdalen, für die Verdrängung die Figur des Gottlieb Biedermann. Und obwohl es der Zuschauer leicht hat, sich von Biedermann zu distanzieren, bleibt dieser, wie Walter Schmitz feststellt, eine Projektionsfigur von Autor und Rezipient (*Materialien*, a.a.O., S. 148, 152, 156). Biedermann führt die mit dem »Glauben« stets gegebene Gefahr der Verdrängung in ihrer borniertesten Form vor. Keinesfalls aber ist der Zuschauer, der ihn belacht, damit aus den Zwängen des Glaubenmüssens als Grundbedingung des gesellschaftlichen Seins befreit.

Hier liegt denn auch die Erklärung, warum Frisch sich mit der Veräußerung Biedermanns zu einer komischen Figur nicht abfinden wollte: Führt Biedermann den Zwang zur Rolle auch in besonders übersteigerter Manier vor, so kann doch kein Zweifel daran bestehen, dass er damit ein Verhalten exekutiert, welches als »gutgläubige« Sublimation des Bösen eine primäre soziale Forderung darstellt. Frischs Reserve gegenüber den eindeutigen Zuschauerreaktionen rührte also daher, dass er Biedermanns Handeln auch als Folge der Verhaltensnotwendigkeit, »eine Rolle zu spielen«, begriffen sehen wollte. Biedermanns Schicksal ist, dass er diese Rolle nicht mehr abzulegen vermag. Dann aber unterscheidet er sich von »seinen« Zuschauern nicht in dem Maße, wie es deren Gelächter erscheinen lässt.

3.2 Tragödie? Komödie?

Auf diese Weise ergibt sich auch ein Lösungsansatz für die strittige Einschätzung des *Biedermann* als »Komödie«, »Lehrstück (ohne Lehre)« oder Tragikomödie. Die Übernahme einer (sozialen) Rolle bedarf immer auch eines »Akts des Glaubens«. Der Grad der Bewusstheit, mit dem dies geschieht, entscheidet über die Qualität der gegebenen Rolle.

Montaigne, das menschliche Treiben unter dem Aspekt des »theatrum mundi« erwägend, bestimmt mit Hilfe antiker Vorbilder die beiden polaren Möglichkeiten, was die Rollendistanz betrifft: »Demokrit und Heraklit waren zwei Philosophen, deren erster, da er das Los der Menschheit nichtswürdig fand, sich nie anders als mit spöttischem und lachendem Gesicht den Leuten zeigte. Heraklit, der über dieses unser Los Mitleid und Erbarmen fühlte, trug darüber ein beständig verdüstertes Gesicht und mit Tränen erfüllte Augen.« (Starobinski, a.a.O., S. 17)

Die maximale Distanz zur Rolle lässt das weltliche Geschehen zur Komödie werden, die Aufgabe der Distanz erregt die Affekte und lässt es als Drama erscheinen. Dennoch bleibt auch Demokrit (460–371 v. Chr.) an das weltliche Geschehen gebunden; seine Sicht unterliegt der Logik des Spiels, während Heraklit (544–483 v. Chr.) sich dem Ernst der Dinge verschrieben hat. Zwischen spielerischer und ernster Einstellung bemisst sich demnach das Ausmaß der Distanz zur Rolle, die der Einzelne angenommen hat. Im Gegensatz zu Bertolt Brecht instrumentalisiert Frisch das Theater nicht zu nachdrücklich »lehrhaftem« Zweck, er will den identifikatorischen Bezug des Zuschauers zum Schauspieler durchaus aufrechterhalten wissen, insofern sich darin der auch »in der Wirklichkeit« bestehende Zwang zur Übernahme einer Rolle realisiert, im Unterschied zum Ernst des alltäglichen Lebens aber spielerisch distanziert und auf seine alternativen Möglichkeiten hin durchgesehen werden kann. Daher Frischs Irritation über die Zuschauerreaktionen, die eine Identifikation in diesem Sinne vermissen ließen und die auch in der komödiantischen Distanzierung prinzipiell noch erhaltene Teilhabe an dem Bühnengeschehen nicht wahrnahmen. Im Sinne der immanenten Theatertheorie, wie sie aus Frischs Anknüpfung an den Topos des »theatrum mundi« hervorgeht, spiegelt das Bühnenstück die Verdoppelung wieder, mit der der Zuschauer auch außerhalb des Theaters zu tun hat und die ihn ständig in die Dialektik von Sein und Schein, Bild und Identität verstrickt. Nicht das Totalitarismus-Problem ist also das eigentlich beherrschende Thema des *Biedermann*-Komplexes, sondern die der »Bild«-Werdung zu Grunde liegende Problematik des »Glaubens«, welche sich dem Erarbeitungsprozess des Stücks derart idealtypisch eingeschrieben hat, dass er als eigentliche Basis von Frischs »Bewußtseinstheater« gelten muss.

Problematik des »Glaubens«

Literaturhinweise

Arnold, Heinz Ludwig: *Gespräche mit Schriftstellern*, München 1975

Bänziger, Hans: *Zwischen Protest und Traditionsbewußtsein*, Bonn/München 1975. [Über Max Mell]

Ders.: »Fuchs, du hast die Gans gestohlen ...«, in: Walter Schmitz (Hg.): *Materialien zu Max Frisch »Biedermann und die Brandstifter«*, Frankfurt/M. 1979, S. 209–223

Bienek, Horst: »Max Frisch«, in: ders.: *Werkstattgespräche mit Schriftstellern*, München 1976, S. 23–37

Bolliger, Luis / Walter Obschlager / Julian Schütt (Hg.): *jetzt: max frisch*, Frankfurt/M. 2001

Jurgensen, Manfred: *Max Frisch. Die Dramen*, Bern [2]1976

Karasek, Hellmuth: *Frisch*, Velber bei Hannover 1971

Milfull, John: »Der Tod in Salzburg? *Biedermann und die Brandstifter*, Hofmannsthal, Brecht«, in: Manfred Jurgensen (Hg.): *»Frisch«. Kritik – Thesen – Analysen*, Bern 1977, S. 157–165

Schmitz, Walter: »Biedermanns Wandlungen: Von der ›Burleske‹ zum ›Lehrstück ohne Lehre‹«, in: ders.: *Materialien zu Max Frischs »Biedermann und die Brandstifter«*, Frankfurt/M. 1979, S. 133–162

Frisch, Max: *Tagebuch 1946–1949*, Frankfurt/M. 1958

Wapnewski, Peter: »Tua res: Zum *Tagebuch II* von Max Frisch«, in: Walter Schmitz (Hg.): *Über Max Frisch II*, Frankfurt/M. 1976, S. 375–384

Ziegfeld, Richard E.: »The Writer and His Publisher: Max Frisch's Relationship with Peter Suhrkamp«, in: *Seminar* 4, 1979

8.3 **Herr Biedermann**: In seinem Entwurf für ein Hörspiel vom 6. Februar 1950 charakterisiert Max Frisch Herrn Biedermann folgendermaßen: »Biedermann. – Liebenswert, durchschnittlich, ebenso wohlwohlend wie feige, er hat den Fehler fast aller, daß er nach Wünschen denkt; das meiste, was eintritt, ließe sich voraussehen, wenn man den Mut dazu hätte – aber wenn man den Mut hätte, es vorauszusehen, müßte man eingreifen, handeln, ändern, und das will Biedermann nicht; er ist lieber Optimist und verkohlt« (Bolliger/Obschlager/Schütt 2001, S. 141). Im Jahr 1978, 20 Jahre nach der Uraufführung, schreibt Frisch über Biedermann: »Wenn Sie mich fragen, ich finde diesen Gottlieb keinen Bösewicht, wenn auch als Zeitgenossen gefährlich. Um ein gutes Gewissen zu haben – und das braucht er, um Ruhe zu haben –, belügt er sich halt. Ohne es zu merken. Seine Gattin merkt es, das Dienstmädchen merkt es, und der Chor tut, was sich für einen antiken Chor gehört: Er wacht und warnt.
›Bürger – wohin?‹
Gottlieb möchte als guter Mensch erscheinen, er glaubt sogar, daß er das sei: indem er sich selber nicht auf die Schliche kommt. Warum läßt er diesen Schmitz an seinen Tisch? Um sich als ein gütiger Mensch vorzukommen am Feierabend, nachdem er im Geschäft sich ziemlich gemein verhalten hat. Die Falle, die er sich selbst stellt, ist seine Phraseologie. Man muß ihn nur beim Wort nehmen – und die Komödie ist da« (ebd., S. 146 f.).

8.6–7 **Schmitz, *ein Ringer* / Eisenring, *ein Kellner***: In seinem Entwurf für ein Hörspiel vom 6. Februar 1950 nennt Frisch den ersten Brandstifter einen »Mann, der Vertrauen erweckt und dem man gerne hilft, kein Wortmacher, ein armer Kerl«, während der zweite ein »frecher Bursche« sei, »dem man sofort mißtraut, aber nicht beikommt, weil er in seiner Dreistigkeit so entwaffnend offen ist« (Bolliger/Obschlager/Schütt 2001, S. 141). Fast drei Jahrzehnte später schreibt Frisch in seinem Text »Wer sind die Brandstifter?«: »Wer denn eigentlich mit den beiden Brandstiftern gemeint sei, die Frage ist mir in zwanzig Jahren mindestens von tausend Schülern gestellt worden. Gottlieb Biedermann ist ein Bourgeois, das ist offenbar. Aber zu welcher Partei gehören die beiden Brandstifter? – kein Satz, den sie sagen, weist darauf hin, daß sie die Gesellschaft verändern wollen. Keine Revolutionäre also, keine Weltverbesserer. Wenn sie Brand stiften, so aus purer Lust. Es gibt Pyromanen. Ihre Tätigkeit ist apolitisch ... Ich meine: die beiden gehören in die Familie der Dämonen. Sie sind geboren aus Gottlieb Biedermann selbst: aus seiner Angst, die sich ergibt aus seiner Unwahrhaftigkeit. Natürlich gilt das nicht nur für den Bourgeois: aus der permanenten Diskrepanz zwischen Phraseologie (welcher auch immer) und Realität wächst das Unheil langsam, aber sicher. Warum unaufhaltsam? Da ist immer ein kleiner Spalt, wo die Dämonen, wenn Gottlieb redet, ihren Fuß hineinstellen können, grinsend: Der geht lieber zugrunde, als daß er seine kleinen feigen Falschheiten auch nur sich selber zugibt« (ebd., S. 147).

Brot und Wein: Anspielung auf das Abendmahl, bei dem Christus unmittelbar vor seiner Gefangennahme zum letzten Mal mit seinen Jüngern zu Tisch saß und das Sakrament der Eucharistie einsetzte: die Verwandlung von Brot und Wein in sein Fleisch und Blut. Im *Biedermann* wird ebenfalls unmittelbar vor der Feuersbrunst ein letztes Mahl begangen. Hans Bänziger erkennt darin eine »Parodie auf die antik-christliche Tradition des Gastmahls« (Bänziger 1979, S. 211). 15.12

vom alten Schrot und Korn: Gemeint ist: Von unverfälschter, guter Art, verlässlich, anständig; nach dem »Schrot« (= Gewicht) und »Korn« (= Feingehalt) von Münzen. 16.19

Lili Marlen: Titelfigur des Soldatenliedes »Vor der Kaserne ... « Hans Leip (1893–1983), zeitweise Mitarbeiter des *Simplizissimus*, schrieb das Lied als Gardefüsilier während des Ersten Weltkriegs. Im Zweiten Weltkrieg wurde das Lied durch die Sängerin Lale Andersen (1905–1972) weltberühmt. Der deutsche Soldatensender spielte es jede Nacht zum Abschluss seines Programms. Aber auch bei den englischen Truppen war der Schlager populär. 51.4

Sodom und Gomorra: Biblische Städte am Toten Meer. Wegen der Lasterhaftigkeit ihrer Bewohner wurden sie von Jahwe zerstört. Vgl. 1. Mose 19,24: »Da ließ der Herr Schwefel und Feuer regnen vom Himmel herab auf Sodom und Gomorra und ver- 57.5

nichtete die Städte und die ganze Gegend und alle Einwohner der Städte und was auf dem Land gewachsen war.«

75.2 **JEDERMANN**: Schauspiel Hugo von Hofmannsthals (1874–1929) mit dem vollständigen Titel: *Jedermann. Das Spiel vom Sterben des reichen Mannes, erneuert nach dem mittelalterlichen englischen Legendenspiel »Everyman«* (1911; Uraufführung: 1.12.1912 in Berlin. Entstehungszeit des Legendenspiels unbekannt). Seit 1920 (unter der Regie Max Reinhardts) wird es regelmäßig im Rahmen der Salzburger Festspiele aufgeführt.

Das Spiel handelt vom reichen Jedermann, dem Gott, der über die Abkehr der Menschen von seinen Geboten erzürnt ist, den Tod schickt. Jedermann ist in seine Geschäfte verwickelt; so verbreitet er sich über seinen Plan, ein »Lusthaus« für seine Buhlschaft (= Geliebte) zu bauen; er verhält sich unnachgiebig einem Schuldknecht gegenüber, der gerade auf Jedermanns Veranlassung hin in den Turm geführt wird. Immerhin lässt sich Jedermann dazu bewegen, für die Familie des Knechts zu sorgen. Auch gegenüber seiner Mutter, die mit seinem Lebenswandel hadert, ist er nachgiebig und verspricht, bald zu heiraten. Beim abendlichen Bankett, das Jedermann für seine Geliebte und die Freunde veranstaltet, wirkt er seltsam abwesend, hört Glocken schlagen, seinen Namen rufen und glaubt seine Stunde gekommen. Buhlschaft und Freunde können ihn vorübergehend aufheitern. Als jedoch der Tod hinter Jedermanns Stuhl erscheint und ihm ans Herz fasst, laufen alle davon. Niemand will ihm auf diesem Weg folgen. Da sucht Jedermann Beistand bei seinem Geld. Der Mammon aber verhöhnt ihn: Nicht er sei Jedermanns, sondern Jedermann sein Knecht gewesen, denn es bleibe der Mammon in der Welt, die Jedermann nun verlassen müsse. Jedermann erkennt, dass er ohne Beistand ist und hört die schwache Stimme seiner wenigen guten Werke, die in der Stunde des Gerichts für ihn zeugen werden. Jedermann fasst sich und bestärkt sich im Glauben, wobei ihm auch der Anblick seiner Mutter hilft, die er zur Frühmette gehen sieht. Der Teufel, der sich der Seele Jedermanns schon sicher war, wird vom Glauben zurückgewiesen, und Jedermann erlangt sterbend die Verzeihung Gottes.

Hofmannsthals Text orientiert sich an einem alpenländischen

Bauerndeutsch, ist aber nichtsdestotrotz Kunstsprache. *Jedermann* ist der einzige populär gewordene Versuch, ein mittelalterliches Mysterienspiel für die Gegenwart zu adaptieren. Stoff und Bearbeitung lassen auch verstehen, warum Hofmannsthal für Max Mells christliche »Moralstücke« eine Vorliebe hegte. Beide sahen in volkstümlicher »Naivität« und Gläubigkeit einen Ausweg aus der Anomieerfahrung der unmittelbaren Vorkriegs- und der Nachkriegszeit. Wie in Mells *Apostelspiel* steht auch bei Hofmannsthal der Glaube als rettende Haltung im Zentrum der Handlung.

Er kann auch [...] Mitarbeiter vom Macbeth ...: In Shakes- 75.28–31
peares (1564–1616) Trauerspiel *Hamlet, Prinz von Dänemark* (Erstaufführung: 1602 in London) erscheint der ermordete König von Dänemark seinem Sohn Hamlet als Geist und fordert ihn zur Rache auf: Er soll Claudius, der ihn um »Leben, Krone und Weib mit eins gebracht« hat, töten.

Die Handlung des *Don Juan*, eines vielfach bearbeiteten Stoffes, endet mit der Höllenfahrt des Verführers Don Juan. In grenzenlosem Übermut hat er die Statue des von ihm im Zweikampf ermordeten Komturs (= Ordensvorstand) und Vaters der von ihm um ihre Ehre gebrachten Donna Elvira zum Festmahl geladen. Don Juan schlägt alle Mahnungen zur Reue in den Wind und wird daraufhin von der als »Steinerner Gast« auftretenden Statue bei der Hand ergriffen und in die Hölle gezogen.

In Shakespeares Trauerspiel *Macbeth* (Erstaufführung: 1605 in London) erscheint der Geist des von Macbeth ermordeten ehemaligen Kampfgefährten Bancquo beim Festmahl und hindert seinen Mörder zweimal daran, den Platz des Königs einzunehmen. Macbeth allein sieht den Geist, redet wirr und muss es Lady Macbeth überlassen, den befremdenden Auftritt vor den Gästen zu überspielen.

Der Tod im *Jedermann*, der Geist des Königs in *Hamlet*, der Steinerne Gast in *Don Juan* und Bancquo in *Macbeth* bilden ein eindrucksvolles Quartett der bekanntesten Gespenster der Weltliteratur, wodurch in Frischs Stück ein kulturelles Niveau anzitiert wird, das in ebenso krassem wie komischem Gegensatz zum Auftritt des mit Serviette zum Geist verwandelten Schmitz steht. Dass dieser Geist sich schließlich als der des unglücklichen

Knechtling zu erkennen gibt, mischt wiederum in die Komik die Tragik.

77.11 **»Fuchs, du hast die Gans gestohlen –«**: Adaption des alten Kinderlieds »Wer eine Gans gestohlen hat, ist ein Dieb« durch den Leipziger Musiklehrer und Organisten Ernst Anschütz (1780–1861). Der Titel, den Anschütz dem 1824 von ihm neu verfassten Liedtext gab, lautet *Warnung*, als die das Lied im *Biedermann* zu interpretieren sei (Bänziger 1979, S. 209 f.).

79.13 **Gasometer**: Zur Ansammlung größerer Gasmengen dienender, einem Tank ähnlicher Behälter, der zur Energieversorgung ganzer Stadtteile diente.

82.17–18 **Der Akademiker steigt [...] sich ins Parkett.**: Indem der Akademiker ins Parkett steigt und sich den Zuschauern zugesellt, wird auch das Publikum als eine Versammlung Beteiligter qualifiziert, die sich »distanziert« haben und der Katastrophe aus der Distanz beiwohnen.

Max Frisch
in der Suhrkamp BasisBibliothek

NF 1041/1/10.14

Hermann Hesse in der Suhrkamp BasisBibliothek

»Heribert Kuhns Kommentar erweist sich (ebenso wie diejenigen zu den anderen Hesse-Texten der Suhrkamp BasisBibliothek, die sich allesamt bestens ergänzen) als gehaltvolle, fordernde und inspirierende Anleitung zum Verständnis des Romans. Als die Leseausgabe für Studierende kann dieser Band daher unbedingt empfohlen werden.« *Literatur in Wissenschaft und Unterricht*

Siddhartha. Kommentar: Heribert Kuhn. SBB 2. 192 Seiten

Der Steppenwolf. Kommentar: Heribert Kuhn. SBB 12. 306 Seiten

Demian. Kommentar: Heribert Kuhn. SBB 16. 240 Seiten

Unterm Rad. Kommentar: Heribert Kuhn. SBB 34. 288 Seiten

Narziß und Goldmund. Kommentar: Heribert Kuhn. SBB 40. 408 Seiten

Peter Camenzind. Kommentar: Heribert Kuhn. SBB 83. 215 Seiten

NF 1044/1/10.14